Josephi Struthii Medici Posnaniensis Vita Et Duorum Ejus Operum ... Bibliographico-critica Disqisitio

CARISSIMO

ET SUMME VENERANDO

AVUNCULO

JACOBO

QUI ME TENERA JAM AETATE PARENTIBUS ORBATUM,

ANIMO VERE PATERNO COMPLEXUS EST

ET AD ID, QUOD SUM PRODUXIT

PRIMUM HUNC LABORIS ACADEMICI

FRUCTUM

PIA GRATAQUE MENTE

SACRUM ESSE VOLUI.

PARS PRIMA

VITA

JOSEPHI STRUTHII

EJUS

OPERUM BREVIS CONSPECTUS

NEC NON

SUCCINCTA GALENI DOCTRINAE

EXPLANATIO

CUM PRAEMISSA

MEDICINAE SAECULI XVI.

ADUMBRATIONE.

Et vero Facultatis hujus (medicae) dignitatem jam ab ipsis Academiae initiis viri summa eruditionis praestantia ita sustinuerunt et hodie etiam sustinent, ut cum nomine suo Academiae famam late extenderint, ab externis quoque Principibus desiderati et quandoque evocati, uti *Josephus Struthius* Posnaniensis, qui cum omni fere doctrina liberali imbutus esset, tum in Mathematicis disciplinis primas sua aetate tulit, dum in Patavino Gymnasio medicinam maxima cum laude profiteretur ab Hispaniarum Rege Philippo secundo toties consultus, toties in Iberiam propositis stipendiis evocaretur. (Sim. Starovolscii Laud. alm. Acad. Crac.).

PRAEFATIO.

Josephi Struthii, Posnaniensis medici saeculo sedecimo non tantum intra Patriae fines,
sed etiam per totam Europam quanta fuerit
fama, tum ob scholas publicas in Patavino
gymnasio coram frequenti auditorum grege
habitas, summoque omnium plausu attentis
auribus excipi solitas; tum ob operum ejus,
quae avidis manibus distrahebantur, praestan-
tiam; tum denique ob ejus in arte salutari
exercenda solertiam et dexteritatem; id quidem neminem eorum, quibus ea res curae
est, fugere arbitror. Quapropter fieri non
potest, quin ejus viri vita passim cognoscendorum operum ejus desiderium in rei litterariae
studiosis excitet. Nihilo tamen minus fatali
adversaque fortuna praeter eorum inscriptiones a Janocio, viro optime de rei litterariae
historia merito, servatas, nihil ferme de iis,

si eam, quam eximius Gąsiorovius Artis Sphygmicae nuper in medium protulit, descriptionem excipias, adhuc innotuit; ut probabile
sit, maximam earum partem vel jam inte-
riisse, vel, nisi ea manus aliqua misericors
ex latebris in lucem sit protractura, oblivio-
nique, qua obruuntur, ereptura, certam nec
unquam compensandam subitura esse perni-
ciem.— Quae cum ita sint, inauguralem scrip-
turus dissertationem, rem me non prorsus
inutilem praestiturum sperabam, si occasione,
quae ultro mihi offerrebatur, usus, quas in
bibliotheca Universitatis Jagellonicae, (in qua
Struthius Minervam quoque coluerat, ejusque
lumine animum suum illustrarat, cujusque
dein decus gloriaque habebatur) de 'eo medico reperirem notitias, vel opera ab eodem ipso
conscripta; iis colligendis, et quantum in me
esset, diligenter describendis operam navarem.
Qui quidem laboris mei fructus etsi exspec-
tationi non respondeat, eum tamen tecum,
L. b., lubenter eommunico.

Hanc vero rationem ac viam in hoc labore meo sequi consentaneum visum est, ut
praemissa eximii hujus viri vita, recensitisque
omnibus, quorum in aliis scriptis passim men-

tio fit, operibus, ex eorum numero, duo in
bibl. Univers. Jagell. adservata, quorum alterum Commentarios ad Luciani Astrologiam
exhibet, rarissimum et a Janocio nonnisi breviter descriptum; alterum vero Artem Sphygmicam exponit, ex quo nunc demum Gąsiorovius nonnulla scitu digna retulit excerpta,
diligenter indagarem; prae omnibus vero claram et adcuratam eorum imaginem, plenam-
que argumenti notitiam exhiberem. Quod quum
propriis auctoris verbis allatis optime cognosci soleat, hinc plerumque Struthium ipsum
loquentem inducere optimum duxi. Cujus viri
gratia si istas laboris mei primitias benigno
acceperis animo L. b. conatus meos prosper-
rimo coronatos eventu meque ipsum eam ob
causam beatum censebo. Vale.

Scripsi Cracoviae 19 *Octobris a.* 1842.

1*

JOSEPHI STRUTHII

VITA.

breviter descripta.

Josephus Struthius (polonice Struś) (1) natus est Posnaniae anno p. Chr. n. 1510. e pa-

(1) De nomine polonico Struthii dissentiunt auctores, alii enim, ut Bentkovius et Juszynius (Juszyński) eum a popularibus suis S t r u t adpel-
latum fuisse, affirmant; alii vero quibus Solty-
covius (Soltykowicz) adnumerandus in lingua patria eum S t r u ś nuncupant. — Clarissimus denique Universitatis nostrae Professor Josephus
Muczkovius (Muczkowski) firmissimis innixus do
cumentis probavit, luceque clarius evicit illum
nomine S t r u ś usum esse, moreque illo tempore
apud omnes fere viros litterarum studiosos vigente, illud cum graeco Struthios, Struthius com-
mutasse. Vide Gąsiorovii opus pag. 196. — Haec
sententia comprobatur verbis Alberti Ocelli (Oczko) Struthii aequalis, quae in ejus opere P r z y-
m i o t. inscripto pag. 19. leguntur: jedno snadź
Galen ćwiczony w tém był, co z pulsu wiele
rzeczy znał, a naszych czasów Doktor Struś
człowiek acz w wielu rzeczach, ale osobliwie
w pulsu uznaniu bardzo uczony. Wszakoż ci
obadwa dobrze y mądrze nam o pulsach pisząc
y do ich uznania drzwi jakoby otworzyć chcąc,
klucze z sobą do nieba zanieśli. —

rentibns honestis pectinario, ut suspicari licet,
opificio vitam suam sustentantibus. In patria
urbe prima litterarum elementa didicit, latino
vero sermone et disciplinis humanioribus a cive
suo Thoma Bedermano, clarissimi inter professores Cracovienses Joannis de Stobnica disci-
pulo, illo tempore vero gymnasii Posnaniensis,
quod Joanni Lubranscio (Lubrański) originem
nomenque suum debuit, praefecto imbutus est.
Juvenis Cracoviam profectus literas graecas co-
luit duce Georgio Libano Ligniciense, primo
hujusce linguae in Universitate Jagellonica professore. Philosophiam et mathesin tum praecipue
in schola nostra florentem sub Valentino Mora-
vio (Morawski), arti vero salutari sub Cypriano
Lovicense operam navabat: qui quidem adole-
scentem ingenii acumine eruditionisque copia ex-
cellentem Joanni Lascio t. t. Gnesnensium Lan-
ciciensiumque Praeposito commendavit. Ab Lascio non solum Struthius magnificis muneribus
ornatus, sed etiam in amicorum numerum recep-
tus, et patruo suo Archiepiscopo Gnesnensi,
Regnique Poloniae Primati commendatus est.
Anno 1529, more illius temporis consueto, Bac-
calaurei in Philosophia artibusque liberalibus honorem in Cracoviensi Universitate est adeptus,
Nicolao de Comprovincia (Koprzywnica) D. Dre
Can. eccl. Cathedr. Crac. h. t. Rectoris munus
obeunte; et bienni spatio interjecto (anno sc.
1531) magistri laurea est redimitus Rectore Stanislao Byel S. Theologiae professore Can. eccl.

Cathedr. Cracov. et Universitatis Vice-Cancellario. (Vide metricam promotorum in Bibl. Univ. Jagel. adservatam).

Aperto illi aditu familiari ad Joannem Chojenium Cracoviensem tum Cathedralem Archidiaconum atque Posnaniensem praepositum Regnique Secretarium supremum, optimarum virtutum artiumque laude clarissimum, eo auctore et adjutore Patavium se contulit (1532) ibique Graecarum litterarum studium eruditissimo peritissimoque usus magistro Lazaro Bonamico instauravit. — Medicinae vero praecepta a Francisco Phrigomellio, Hippocratis disciplina illo tempore clarissimo atque exercitatissimo tradita sibi habuit. Quam quidem artem tam avide arripuit, ut quadriennio post (sc. a 1536) amplissimi Senatus Veneti auctoritate, publicus in illa clara medicorum schola professor sit constitutus. Manere hoc non sine magno discipulorum, doctrinaeque quam profitebatur fructu, ac nominis sui gloria fungebatur; ut pote qui graecis imbutus literis corruptas Galeni versiones non solum emendavit, sed nonnullos ejus libros ipse latine reddidit, et quemadmodum veterum scriptorum ipse erat peritissimus, ita ad lectionem eorum omnes artis medicae studiosos incitabat, neglectoque auctoritatis et observantiae studio, experientiam magistram sanamque rationem ducem illi praeferendam commendabat; ac denique pulsuum doctrina, quae per mille ducentos fere annos inculta jacuerat, resuscitata et aucta, summam sibi comparavit laudem. Cujus rei vel id

non leve praebet documentum, quod, quum in
patriam urbem reversus; opus suum «Sphygmicae
artis Libri V» inscriptum in lucem edidisset,
Patavii uno die 800 exemplaria avidissime a medicis distracta sint (2)

Nihilo tamen minus patrias oras anteponens munerum splendori, aliisq. vitae com-
modis, quae Italia ipsi aut jam obtulerat,
aut oblatura erat, Posnaniam revertit; ubi
anno 1545, domo emta civitatem consequutus
est, et paulo post medici aulici officiis sese sub-
traxit, quibus apud Andream Gorcam Magnae

(2) Vide Starovolscii Scriptorum Polonorum Hecatontas. Venet. 1627. p. 180. Hieronymus Juszynius quoque in suo Poëtarum Polonorum lexico
T. II. P. 211. haec habet: «O rozkupieniu
jednego dnia 800 exemplarzy dzieła Ars Sphygmica świadczy Gabriel Joannicius in praefatione
ad Stanislaum a Mińsko.» idem ipse Juszynius
erroneam Starovolscii sententiam refellit in Scrip.
Polon. Hecatont. Ven. 1627. 4. p. 180. in medium prolatam: Sphygmicam artem Struthio Patavii adhuc docente in lucem jam prodiisse, quod
ceteroquin Sołtykovius (Sołtykowicz) in eximio
suo opere «O stanie Akademii Krakowskiéj etc. »
inscripto, jam pridem evicerat extremis verbis
ipsius Struthii epistolae, quam Scholae Medicorum Patavinae misit, operique suo praefixit. Sunt
vero haec: «Valete. Posnaniae ex aedibus nostris quarto nonas Martias Anno salutis nostrae
1555. »—

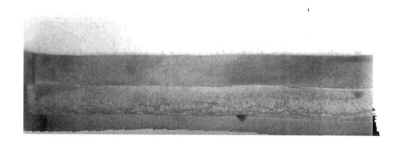

Poloniae ducem functus erat; quem fidus salutis
custos in itineribus etiam comitari erat solitus.
Quo factum est, ut a Principe suo, quum Cracoviam haud raro proficisceretur, Sigismundo
utrique nec non 'Isabellae filiae Sigismundi I.
et Joannis Zapolyae Hungariae regis conjugi,
cui valetudinem quoque restituit, commendare-
tur.— Hanc denique cum hero suo Budam se-
quutus, inde ad Turcarum Imperatorem Soli-
manum II. vocatus est, cui periculoso morbo
conflictato salutare praebuit consilium. In Poloniam cum principe suo redux, Polyxenam fi-
liam Stanislai Ungeri, civem, uxorem duxit (3)
quae illi praematura morte paulo post fuit erepta;
ut propria ejus verba manifeste evincunt in artis
Sphygmicae (Lib. V. p. 321) legenda: «Sensit
ante mortem tres dies in febre trementem pulsum Polyxena uxor mea amantissima, quae castitate, morum elegantia, venustate formae, opu-
lentissima dote, omnes omnium judicio foemi-
nas Posnaniae excelluerat.» Brevi post denuo
matrimonii vinculis sese conjunxit cum Cathari-
na e gente Storchia.

In facienda arte salutari adeo exercitatum
peritumque sese praestitit, tantumque nomen

(3) Nescio cur Janocius' et Soltykovius Polyxenae
illi patrium nomen Karśnicia imposuerint, tabulis publicis urbis Posnaniae luce clarius probantibus, illam gentilicio nomine Ungrowa
usam fuisse. (Vide commemoratum infra opus
Josephi Łukaszevii.)

sibi paravit, ut fama ejus patriae limites egressa per totam circumferretur Europam, quin imo a Hispanorum rege Philippo II. pluries in adversa consultus valetudine, stipendio opimo proposito in aulam ejus medicus noster invitaretur, a Sigismundo Augusto tamen praemio debito atque, medici regii honore sibi oblato in patria retentus est. Anno 1557 consulari dignitate (Burmistrz) a civibus suis est ornatus.

Omnibus fortunae bonis cumulatus domi suae extremam diem obiit pridie nonas Martias anno p. Chr. n. 1568 aetatis suae 58. Corpus defuncti in ecclesia parochiali Posnaniensi sepultum est. Monumentum ei ibidem positum fuisse ornatum, quod sequitur, epitaphio Starovolscius testatur, et adnotatio manu quadam scripta, quae in exemplo illo Artis Sphygmicae, quod bibliotheca Univer. Jagellon. adservat, legitur. In ecclesia enim commemorata ne vestigium quidem ejus superest referente Gąsiorovio.

Josephus Struthius Posnaniensis
Philosophiae et Medicinae Doctor
Librorum Graecorum Latinus Interpres
Publicus olim stipendio Senatus Veneti
Artis Medicae Patavii Professor
Artis Sphygmicae per tot secula abolitae Restaurator
Postea Serenissimi Principis Sigismundi
Augusti Regis Poloniae Medicus
Obiit Anno Domini 1568.
Aetatis suae 58.

Ut vitam egregii viri, quantum fieri potest, accurate exigam, adjungenda mihi est mentio de viris, qui cum Struthio affinitatis vel amicitiae vinculis conjuncti erant. Medicum nostrum duos habuisse fratres, alterum Balthazarem natu majorem, Philosophiae AA. LL. magistrum, qui in patria urbe, Rectoris scholae Parochialis sacerdotisque ecclesiae ad S. Mariam Magdalenam munere fungebatur; alterum Martinum Posnaniensium civium ordini adnumerandum, testis est Josephus Łukaszevius in opere, quod »Obraz histor. stat. miasta Poznania« inscribitur (T. II, p. 221). Num paterna contigerint illi gaudia curaeque, vel ex eo dubitamus, quod Tabulae publicae urbis Posnaniae, causam referant inter viduam defuncti Struthii et tres fratris ejus filias actam, ad relictorum bonorum, copiarumque haud exiguarum Medici nostri haereditatem attinentem. Fieri enim non potuit, ut fratris filiabus jus haereditatis legitimae competeret, nisi prole propria nulla superstite.

Juvenis Cracoviae jucundissimum et carissimum sibi habuit amicum, studiorum laborisque socium Josephum Tectandrum (Zimmermann) Cracoviensem patricium, duorum Galeni librorum interpretem, Joannisque I. Hungariae regis, cui Isabella Sigismundi I. filia nupta erat, scribam intimum, salutisque custodem, nec non Franciscum Mimerum Leomontanum Silesium, gentis polonicae cupidissimum, elegiarum multarum auctorem aliorumque bene multorum

operum editorem. In patria urbe Christopho-
ro Hegendorphino Lipsiensi, doctore haud
ignobili, graecarum et latinarum litterarum in Gymnasio Posnaniensi profess. familiariter est usus.
Patavii consuetudo illi quotidiana erat cum Stanislao Hosio, Martino Cromero, Stanislao
Orichovio Cathedrali Premisliensium
Decano atque Simone Maricio Pilsnensi,
publico in Academia Cracoviensi Rhetore, viris
munerum dignitate, doctrinae copia, praecipue
vero eloquentiae gloria insignibus; tum etiam
Joanni Starchovio viro nobili et insigni de
multis optime merito carissimus erat, secundae-
que valetudinis restaurator.— Simo Starovolscius
in sua scriptorum Polonorum Hecatontade refert: Struthium quoque Alberti Ocelli (Oczko) Valentini Lublinensis medicorum, et
Sylvestris Rogucki Matheseos Professoris
clarissimi familiaritate gavissum esse. — Alie-
nissimus vero erat a Clemente Janicio, illo
optimo, nobilissimoque poëta, quod valetudine
affectus adversa, ipsius operam atque consilium
spreverat, dilectissimum sibi carissimumque medicum Joannem Antoninum, quem et versibus
celebravit, anteponens.

E clarorum medicorum Struthio aequalium
numero haud exiguo Petrum Posnaniensem (vulgo P. de Posnania vocitatum), Petrum
Vedelicium, Simonem Lovicensem,
Joannem Benedictum, Stephanum Pha-
limirum de re herbaria optime meritum, An-

selmum Ephorinum, Hieronymum Spi-
czynium, Antoniumque Schneeberge-
rum meminenisse saltem juvabit. — Neque id mihi, quod Janocius de viro nostro refert, silentio
praetermittendum, illum nempe divitiis opibus-
que, quibus affluebat, non ad vitae oblectamen-
ta, sed ad emendos libros perutiles usum fuisse,
qui tamen post obitum ejus dispersi in manus
indignas pervenerunt. — Contra vero eruditissi-
mus Josephus Lukaszevius certis innixus docu-
mentis, e tabulis publicis Posnaniensibus, Struthii
aevum repetentibus depromtis evicit, Medici nostri animum, ut humanum fert ingenium, labis
minime expertem divitiarum cupiditate et con-
troversiarum studio laborasse.

II.

STRUTHII OPERUM ENUMERATIO.

Opera eximii viri nostri typis excusa, ra-
rissimis accensentur, adeo ut nonnullorum nomina penitus jam interiissent: nisi a Janocio
in Museo Zalusciano visa oblivioni fuissent erepta.
Hunc in illis enumerandis et recensendis sequi-
mur auctorem, librosque, quos videndi legendique occasio nobis ipsis data est, accuratiori pe-
nitiorique dein disquisitioni submissuri.

Tota scriptorum Struthii series commode in
tres ordines dispesci potest; re, quam pertractant,
tempore, imo et loco, quo in lucem prodierunt pro-

be distinctos ——Alia enim a juvene auctore concin-
nata intra a. 1529 — 1531 Cracoviae edita sunt, et
carmina maximam partem exhibent elegiaca;
alia res medicas tractantia, Patavii intra quinquen-
nium, quod 1535 annum inter et 1540 intercedit, a Struthio jam professore publico conscripta
Venetiisque edita sunt, pluresque sistunt libros
Galeni in sermonem latinum translatos; tertio ordini unum tantum sed consummatum omnibusque numeris absolutum opus adnumeratur, quo
maximam non tantum apud populares suos, sed
et apud exteras nationes consecutus est famam,
sphygmicam artem docens, per tot secula
oblivioni traditam; quod opus Struthius aetatis
robore, ingenii acumine vigens, diutina experientia, millenisque observationibus edoctus conscripsit. Posnaniae ab auctore in patriam jam
reverso ad finem perductum est, Basileae vero
typis descriptum a. 1555.

Singillatim vero in Janocianis haec adferuntur
opuscula Struthiana:

I. Ad medicum hisce temporibus maximum atque celeberrimum D. Cyprianum de Lowicz
De medicae artis excellentia Carmen Elegiacum. Auctore Josepho Struthio
Posnaniense. Cracoviae per Mathiam Scharf-
fenbergium excusam in vigilia Nativitatis
dominicae anno MDXXIX. 8.

II. Ad Reverendissimum in Christo patrem et
Dominum D. Joannem Latalscium Episco-

2

pum Posnaniensem Elegia Josephi Struthii
Posnaniensis.

Praemissa est: Christophori Hegendorffini
Declamationi Gratulatoriae in Co-
ronationem Junioris Poloniae Regis Crac.
apud Hieronymum Vietorem a. MDXXX.
forma 8. editae.

III. Josephi Struthii Posnaniensis: Ad bonae
mentis Adolescentes Elegiacum carmen Paraeneticum i. e. Exhortativum
« ad studium eloquentiae« Eidem Declamationi est subtextum.

IV. Sanctissimi Patris et Domini D. Joannis a
Lasko Archiepiscopi et Primatis totius Regni
Poloniae, Epicedium elegiacis versibus
confectum. Auctore Josepho Struthio Posnaniense. Apud Regiam Cracoviam Mathias
Scharfenbergius excudebat. IV Nonas Ju-
nias MDXXXI.

V. Luciani Samosatensis Astrologia Erasmo Ro-
terodamo interprete.

Josephi Struthii Posnanien. in Luciani A-
strologiam, Commentariorum libri duo
Luciani Declamatio lepidissima quae Δίκη
Φωνηέντων i. e. Judicium Vocalium inscribitur Josepho Struthio Posnaniense Interprete excusum Cracoviae per Mathiam Scharf-
fenbergium Anno MDXXXI forma 8.

Commentaria in Luciani Astrologiam di-
cata sunt praeposito Gnesnensi atque Lan-
ciciensi Joanni a Lasko, designato Episco-

po Vesprimiensi in Panonia. Illique eidem
Maecenati, consecrata est Judicii Vocalium
interpretatio.

(De hoc opere, quod argumenti gravitate
minus quam raritate est isigne, de quo Janocius in opere Nachrichten v. d. rar. poln.
Büchern inscripto pag. 208 – 209 nonnullas affert notitias, infra paulo fusius dis-
seremus)

VI. Galeni Astrologia ad Aphrodisium. Spuria
quidem judicata. Exhibens Mathematicae
Scientiae prognostica De Decubitu In-
firmorum. — Nunc primum a Josepho
Struthio e Graeco translata. Venetiis per
Joannem Patavinum et Venturinum de Ruffinellis. Anno Domini MDXXXV. 8.

Sacratus est ille libellus, Reverendissimo in Christo Patri et Domino Joanni
Chojenio Premisliensi jam Episcopo, Re-
gisque Poloniae ab initimis.

Librum hunc a Struthio in linguam latinam
conversum Janocio teste Janus Cornarius,
inclytus Zviccaviensium Medicus, Operum
Galeni editionis latinae Tomo octavo, Libros nothos complectenti p. 43 — 58 inseruit. — Praeter hanc tamen, a Janocio com-
memoratam, plurimae insuper operum Galeni latinae editiones idem Struthii nostri
opus contingent. Sunt vero:

1) Illa, quam Tectander (Zimmermann) Ba-
silae anno 1536 typis describendam curavit,

2*

hac inscriptione: Claudii Galeni Pergameni
opera omnium utilissima a doctissimis viris,
partim nunc, primum latinitate donata, partim vero ad exemplaria graeca diligentius
recognita. Basileae apud Andr. Cratandrum
anno MDXXXVI fol.

In eadem quoque, tractatus »de paratu
facilibus«, Struthium nostrum habet interpretem, cujus operis in Janocianis nulla
fit mentio.

2) Editio, quae Venetiis anno 1562 apud Vin-
centium Valgrisium prodiit; ubi inter libros
Galeno adscriptos fol. 76 — 80 est collocatum.
(Ambae Galeni operum editiones exhibent
quoque mox adferendum librum de Urinis a
Struthio in latinum conversum)

3) Reperitur quoque in editione 7ma apud Jun-
tas Venetiis inter libros Galeno adscriptos
in fol. 112 (4).

Clarissimus Jocherus (Obraz bibli. histor.
liter. i nauk) refert a Ludovico Sobolevio
commemorari latinam versionem Prognosti-
corum Galeni a Struthio paratam, Lugdu-
ni an. 1540 in 8. typis descriptam.

(4) Vide opusculum: Wizerunki i roztrząsania nauk:
Wilno 1840 T. XII in quo anonymi cujusdam
auctoris (M. P. P.) eximiae notitiae bibliogra-
phicae insunt Dodatek bibliograficzny do dzieła.
Zbiór wiadomości etc. Ludwlka Gąsiorowskiego.

VII. Galeni de Urinis liber Genuinus aliis visus, aliis supposititius. Nunc primum a Josepho Struthio e Graeco traductus Venetiis per Joannem Patavinum et Venturinum de Ruffinellis Anno Domini MDXXXV 8. Est clarissimo et ornatissimo viro Domino Valentino Morawski bonarum artium et Medicinae Doctori, indicandi memoris et grati animi causa missus.

Struthii interpretatio, Janocio referente in nona operum Galeni, Latina Juntarum editione, quae Venetiis anno MDCXXV in lucem prodiit in Classe IV p. 123 — 126 est collocata. — Reperi illam ipsam in Juntarum editione altera Venetiis a. MDL. (75 annis ante) evulgata, in Classe quoque IV. in pag. 122 — 125. Comprehenditur praeterea vix commemoratis operum Galeni latinis editionibus, quarum altera Venetiis an. 1562. prodiit apud Vincentium Valgrisium (in eo Tomo, qui libros Galeno adscriptos complectitur fol. 71 — 73), altera vero cura Tectandri Basileae 1536 fol. apud Andream Cratandrum deinde et illa, quae Basileae anno 1561 typis est descripta et quidem in Classe IV.

VIII. Claudii Galeni Pergameni, de Antidotis libri duo: per tot secula ab omnibus magnopere desiderati in gratiam magni Antistitis, Joannis Chojenii episcopi Plocensis e Graeco in latinum traducti, et Commen-

tariis brevibus illustrati, a Josepho Struthio
Polono, publico tum artis medicae Patavii
Professore. Venetiis per Joannem Anto-
nium de Nicolinis de Sabio MDXXXVII.
Cum privilegio ab Illustrissimo et Excel-
lentissimo Domino Veneto per duodennium
concesso form. 8. majori.

Duae praemissae sunt epistolae; altera ad
Reverendissimum in Christo Patrem et Dominum D. Joannem Chojenium, Dei gratia Episcopum Plocensem, Studiosorum Patronum et Maecenatem; altera ad Excellen-
tissimum Philosophum et consumatissimum
Medicum Dominum Franciscum Phrigome-
lium ordinarium et fidelem artis medicae
Patavii Professorem. — Ambae una Venetiis datae anno salutis nostrae MDXXXVI.

Antidotario Galeni adnexi sunt ipsius A-
strologiae ad Aphrodisium liber: — Ejus-
demque de Urinis liber Struthio interprete.

IX. Claudii Galeni Pergameni, in librum Hippocratis de Fracturis, Commentariorum Libri tres e Graeco in Latinum conversi a
Josepho Struthio Polono publico artis medicae Patavii Professore Venetiis in aedibus
Bartholomaei Zanetti A. D. MDXXXVIII
form 8. majori.

Oblati sunt Reverendissimo in Christo Patri vitaeque sanctitate et doctrina omnige-
na illustri principi, ac studiosorum omnium
Maecenati et quasi parenti Joanni Choje-

nio, Episcopò Cracoviensi et Regni Poloniae Cancellario.

X. Claudii Galeni Pergameni, in librum Hippocratis de articulis, Commentariorum libri quatuor. Latine redditi a Josepho Struthio Polono, publico artis medicae Patavii
professore Venetiis apud Bartholomaeum
Zanettum. A. Domini MDXL for. 8. majori.
Sacrati scholae Philosophorum et Medicorum Patavinae.

XI Sphygmicae artis jam mille ducentos
annos perditae et desideratae Libri V. a Josepho Struthio Posnaniense medico recens
conscripti. Cum Caes. Majest. privilegio ad
decennium Basileae per Joannem Oporinum
forma octava.

In eadem pagina, in qua allata operis in
scriptio reperitur, annus, quo typis sit excusum, non adsignatur, verba vero in fine
epistolae libro huic praemissae quae ad scho-
lam Philosophorum et Medicorum Patavi-
nam scripta erat »Valete Posnaniae, ex
aedibus nostris, quarto Nonas Martias a-
salutis nostrae 1555« annum editionis hujus 1555 significant. — Quinquiennio post
mortem auctoris altera jam prodiit eximii
operis editio a Jacobo Anello de Maria Bi-
bliopola Neapolitano parata, Janocioque adfirmante «summo nitore conspicua«.— Haec
est ejus inscriptio: Artis Sphygmicae jam
mille ducentos annos perditae et desidera-

tae libri quinque, a Josepho Struthio Posnaniense, medico conscripti: Nunc denuo diligen-
tissime emendati. Venetiis MDLXXIII ad in-
stantiam Jacobi Anelli de Maria Bibliopolae
Neapolitani 8

Annis autem 29. interpositis tertia Basileae
in conspectum venit editio, hac longa insignis
inscriptione: «Ars Shygmica seu Pulsuum
doctrina supra MCC. annos perdita et desidera-
ta. Omnibus tamen Medicinam cum nominis cele-
britate, maximaque utilitate, facere volentibus,
summe necessaria A Josepho Struthio Posnaniense, Sigismundi Augusti Regis Poloniae olim
medico, Libris quinque conscripta et jam primum aucta. Accessit Hieronymi Capivaccei de
pulsibus elegans tractatus et Caspari Bauhini In-
troductio, pulsuum Synopsin continens. Basileae Impensis Ludovici Koenigs cIɔ. Iɔ. cII. 8.»
Quod ad annum primae editionis attinet, erro-
rem Halleri, qui illi a. 1540 adsignat jam Gąsiorovius notavit, nullam vero a. 1555 priorem
extitisse, vel propria Struthii verba in pag.
3. legenda manifeste demonstrant: » Ego quae
jam a viginti annis ab eo usque tempore,
quo artem medicam Patavii stipendio senatus Veneti, publice sum professus
(1535), moliri coepi et extruere...... libens studiosis profero» etc.

Starovolscius in saepius commemorato opere suo (Hecatontas) medicum nostrum de Phle-
botomia librum aliumque de Sale scripsisse

refert, ast more suo id in transitu et leviter tantum commemorat, adeo ut suspicari liceat, illum libros Galeni, de Venae sectione ad-
versus Erasistratum a Josepho Tectandro Cracoviensi latio donatos et in Juntarum Galeni operum
secunda (1550) et tertią (1556) editione in classe
sexta a me repertos et aliud Antoniii Schnee-
bergeri «de multiplici salis usu» inscriptum opusculum, Struthio tribuisse. Quod vel
inde verisimillimum est, quod constat, Staro-
volscium, caeteroquin egregium, et de rebus
patriis optime meritum virum saepenumero res
alienas confudisse, quod tanto facilius eum libris fieri potuit, artem pertractantibus, cujus
Starovolscius ignarus erat.

Nonnullorum etiam Poëtarum et Astronomorum e Graeco in latinum conversorum in Epistola Luciani Declamationi «Judicium vocalium»
inscriptae, praemissa, mentio fit, infra adferen-
da. Num vero typis sint excusa, haud comperi. Idem medicus noster librum Galeni «de differentiis morborum» Guilielmo Copo Basilien-
se interprete edidit, qui ita inscribitur:

Claudii Galeni Pergameni medicorum omnium
fere principis de differentiis morborum liber.
Cracoviae apud Hieronymum Vietorem Anno Dom.
MDXXXVII in 8 — foliis 31 quae numeris carent
comprehensus. A Struthio librum hunc Joanni
Chojenio Episcopo Cracoviensi dedicatum, episto-
lamque ad eundem patronum suum praemissam
fuisse (qua se ex hocce libro Médicinam in Aca-

demia Cracoviensi profiteri adfirmat) ex commemorate jam opere Jocheri (Obraz bibliograficzno-histor. Literatury i Nauk w Polsce) cognovi.

III.

MEDICINAE STRUTHII

aevo conditio in genere et succincta Galeni doctrinae explanatio.

Quo melius opera Struthii pro eorum merito aestimare possemus, non tantum argumentum eorum cognoscendum est, sed etiam quae medicinae, illa tempestate fuerit conditio, in animum revocemus oportet.

Vixit medicus noster tempore, quo animus humanus nugas scholasticas, sophistarumque argutias summopere pertaesus in medicina quoque ex auctoritatis servitute et Avicennae, illius principis, qui vocabatur medicorum vinculis in libertatem sese vindicare coepit. Literarum studiosi omnem curam ac diligentiam ad id intendebant, ut genuina Aristotelis, Galeni, Hippocratis opera, quorum nonnulla tantum eaque corrupta, adulterata et in latinam quidem, ast barbarum sermonem conversa innotuerant; aggrederentur, cognoscerentque, idque eo magis, quam veternm auctorum notitia partim per Graecos, qui a Turcis patria pulsi in Italiam migraverant, partim principum Mediceorum erga viros doctos liberalitate, plurimum vero ob nuper

inventam artem typographicam, scriptis propa-
gandis faventem, in diem cresceret Unde medicina eum haud exiguum tulit fructum, ut si
veterum medicorum exempla, abjecto spre-
toque, omni auctoritatis partiumque studio, et
neglecto inani futiliqne verborum strepitu, animus experientia tantum magistra, sanaque ratione duce ad castas genuinasqne observationes
instituendas magis adverteretur. Nihilominus
tamen, prout nulla mutatio, repente fit, sed
paulatim lenteque; ita ars quoque medica salu-
tarem hunc vicissitudinen sensim tantum experta
est, adeo ut initio singulae tantum ejus partes
excoli, plurimi ipsorum Graecorum Latinorum,
que errores mancis de fabrica corporis humani
notitiis innixi emendari, insignesque rerum naturalium doctrina progressus facere debuerint,
donec Medicina novum prorsus induere valuerit
habitum. Quin immo medicorum Arabistarum
(propterea ita dictorum, quod Arabum doctrinam pro certa explorataque haberent, eique coeca
cum observantia adhaererent) paucos illos, qui
plus saperent, longe superabat. Non est igitur,
quod mireris, medicos hujus temporis praestan-
tissimos universe Galeni melius jam cogniti doctrinam retinuisse, et alia, quae nobis absurda
videntur, commenta, quibus et astrologica so-
mnia accensenda sunt, ab iisdem magni habita
fuisse; neque ob id, quod commune aevi est
vitium, singulum quemque damuare velis. — Quae
cum ita sint, brevem succinctamque de Galeni

doctrina notitiam antequam in Struthii ipsius
opera indagaremus, praemittere proposuimus.
Haec maximam partem dogmaticis placitis superstructa est. — Quatuor enim omnium corporum elementa (quae tamen pro simplicibus non
sunt habenda, nam ad propriorum elementorum
individuorum scientiam ratio humana evehi nequit) statuit: Ignem, Aquam, Aërem et Terram quorum quodque propriam habet qualitatem,
ita ut Igni calida, Aëri frigida, Terrae
sicca et aquae humida insit. — Arctissima
elementorum qualitatumque conjunctio corpora
efficit. — Exsuperantia uniuscujusque vel binarum qualitatum corpora quoque calida, frigida, sicca et humida, vel etiam calida
et sicca vel frigida et humida et sic
porro reddit. — Haec alicui corpori propria qualitatum conjunctio, temperamentum adpellatur
(κρᾶσις).

Corpus humanum his quoque constat elementis, eorumque diversa societate, quae rur-
sus secum copulantur, et quidem triplici modo:
vel enim compositionem partium similarium, vel partium instrumentalium, vel
denique compositionem totius corporis efficiunt.

Similaris pars illa dicitur, quae ubique aequalis est, cujusque minutissimae particulae sibi similes reperiuntur, ut e. g. humor oculi vi-
treus, vel una quaeque tunica, veluti: serosa,
ossa et alia de hoc genere.

Instrumentales partes illae adpellantur, quae pluribus similaribus constant, ut e. g. (totus) oculus, cor, pulmones, brachium', et in universum omnia viscera membraque, quae simul sumpta et congruenter secum connexa tertium conjunctionis modum exhibent.

In corpore humano quatuor praeterea inveniuntur humores; sanguis, qui calida et humida; pituita, quae frigida et humida; bilis flava, quae calida et sicca, tandem bilis atra, quae frigida et sicca distinguuntur indole. Sanguis simplicissimis constat elementis, corporique nutriendo et efformando omnem suppeditat materiam. Reliqui tres humores e sanguine demum nascuntur Ad explicandas omnes vitae species triplices statuit vires, quas vitales, animales et naturales nominat. Primae sedem suam focumque in corde habent; animales in cerebro; postremae vero in jecore. Actiones ab his viribus provocatae iisdem distinguuntur nominibus; omnesque in externas et internas dividuntur.

I. Naturales actiones:
    internae comprehendunt alimentorum concoctionem et sanguinis confectionem.
    Externa, est sanquinis venosi per omnes corporis partes digestio (assimilatio).

II. Vitales actiones:
    internae sunt animi adfectus vehementes.
    Externae sunt motus arteriarum, et

quae inde pendet sanguinis arteriosi di-
stributio.

III. Animales actiones:

Internae sunt: Imaginatio, judicium,
memoria.

Externae vero sunt: Motus et sensus.
Actionibus hisce perficiendis haec in genere inserviunt corporis instrumenta: Ciborum
concoctio ope caloris innati in stomacho pera-
gitur, cui quatuor insunt facultates naturales, i e.
facultas adtrahendi, retinendi, alterandi, id est
immutandi et excernendi, quae omnes secretio-
nes et excretiones provocant. His itaque cibi
in ventriculo in chylum mutantur, qui dein per
venas mesaraicas ad hepar fertur, ut in hoc viscere in sanguinem abeat; a fecibus purgatus.
Splen liquorem hunc almum a partibus nimis
crassis liberat, renibus nimiam aquam eliminan-
tibus.

Hepar est fons omnium venarum, quae sanguinem verum corpori nutriendo destinatum ve-
hunt. Motus sanguinis non eandem semper
ingreditur viam, quod a sede stimuli seu irrita-
menti et a respiratione (temperando nimio sanguinis cordisque calori inserviente) pendet. In-
spiratione enim sanguis in vasa pellitur, sub
expiratione vero ad cor refluit. — Cor est fons
arteriarum, a quo vim pulsantem ope pneumatis
mutuantur. Pneuma est principium movens,
quod ex aere forma subtilissimi spiritus potui
adhaerentis, aut per inspirationem corpus ingreditur.

Ipsae arteriae pneumati seu spiritui vitali cum sanguine miscendo inserviunt. In corde enim venosus sanguis per septi foramina in arterias transit, et ibidem pneumate seu spiritu vitali auctus per arterias circumactus, vitales actiones regit, ad cerebrum, in specie vero ad ventriculos ejus deductus, excernendis spiritibus animalibus ansam praebet; qui per nervos animalibus prospiciunt actionibns ita, ut illi nervi, qui a cerebro originem ducunt, sensui; illi vero, qui a medulla spinae oriuntur, motui praesint.

Sanitas a congrua partium corporis temperie seu Eucrasia et legitima earum actione pendet; contra vero, morbus existit; quem etiam affectionem contra naturam adpellat, qua functio aliqua laeditur. Summam morborum in duo genera dividit, alterum partium similarium, alterum instrumentalium. Alterutrum duo complectitur genera, prouti fabrica ipsa partium, vel actio earum laesa est. Morbi similarium partium in earum intemperie seu Dyscrasia positi sunt, quae duplex est, cum vel sine materia. Haec tum adesse dicitur, si pars vel calidi, vel frigidi, vel sicci, vel humidi excessu aut defectu idoneam immutat temperiem, hanc vero praeter qualitatum intemperiem corruptio unius ex quatuor supra allatis humoribus cardinalibus constituit. Morbi partium instrumentalium in simplices abeunt et compositos; prouti corporis instrumenta uno aut pluribus vitiis adfecta sunt.

Causas morborum in externas et internas Galenus dividit. Priores, quibus procatarcticarum
seu antecedentium nomen indidit, comprehendunt:

  1) Sex res quae dicuntur non naturales, quia
     proxime ad hominis naturam non pertinent;
     sunt vero: Aër, cibus et potus, mo-
     tus et quies, somnus et vigiliae,
     animi affectus, excreta et retenta.

  2) Res naturales, quae alio nomine debi-
     tae vel ordinatae appellantur, quarum tres
     distinguuntur: Sanitas, sanitatis cau-
     sae, et sanitatis effecta (temperamenta,
     sexus, aetates)

  3) Res praeter seu contra naturam;
     sunt autem: morbi causa, morbus et
     symptoma. Causae morborum internae du-
     plicis sunt generis, vel enim in elementorum,
     eorumque qualitatum intemperie positae
     sunt, vel in aequa inter 4 corporis humores
     ratione, turbata. Humores etenim triplici
     modo peccare possunt, abundantia, inopia,
     vel indole prava (kakochimia).

Febrium natura seu causa quae dicitur
proxima in calore modum excedente posita
est; earum origo e corruptis humoribus,
qui etiam putridorum nomine veniunt, de-
ducenda, excepta febre ephemera, quae a
pneumate affecto oritur.

Pro humorum diversorum putredine, diversi febrium exsistunt typi. — Febris intermittens quotidiana corruptae pituitae, tertiana bili

flavae, quartana putredini bilis atrae originem
suam debent.

Princeps ejus in morbis curandis hoc erat
praeceptum : »Contraria contrariis curantur« me-
dicamentaque ei rei inservientia in quatuor di-
visit ordines, quatuor qualitatibus innixos, simplicibus vel compositis, ita ut alia calida, alia
frigida etc. vel alia calida et sicca, alia calida
fuerint et humida et sic porro; quae deinde secundum variam vim in genera et species diducun-
tur. — Morbus igitur, in quo calidum e. g. abun-
dat, remedio frigida virtute praedito debellan-
dus. Haec in arte salutari praecepta a Struthio
quoque recepta erant, de quibus infra, ubi praeterea aliorum Galenicae doctrinae placitorum cognoscendorum occasio dabitnr, fusius expone-
tur.

3

PARS ALTERA

DUORUM STRUTHII OPERUM

IN BIBLIOTHECA UNIVERSITATIS

JAGELLONICAE ADSERVATORUM

COMMENTARIORUM

NEMPE AD

LUCIANI ASTROLOGIAM

et

ARTIS SPHYGMICÆ

bibliographico-criticae

DISQUISITIO.

I.

COMMENTARIORUM AD LUCIANI ASTROLOGIAM

BIBLIOGRAPHICO CRITICA DISQISITIO.

Adgredimur nunc disquisitionem nonnullorum Struthii operum, quorum videndi legendique occasio nobis data est, et ordimur ab opusculo in bibliotheca Universitatis Jagellonicae adservato, Commentarios ad Luciani Astrologiam complectente, quod, quia longe ante artem Sphygmicam editum est de eo quoque prius mihi disserendum esse puto.

Opus istud argumenti ratione habita, prouti nunc res se habent, parum quidem ad artem medicam spectat; quum tamen eo, quo Struthius vixit, tempore magna inter Astrologiam et medicinam intercederet necessitudo (5) opus quoque ipsum admodum sit rarum et nondum latius descriptum, (Janocium enim qui illud viderat et non nisi pauca quaedam de eo retulerat, posteriores omnes auctores secuti sunt) ob notitias vero, quas continet, nonnulla vitae Auctoris nostri momenta, illustrantes, nec non ob magnam

(5) Vide opus Georgii Samuelis Bandtkie quod «Historya drukarń Krak.» etc. inscribitur, ubi in pag. 166. haecce legitur adnotatio: Ars mathematica często wtedy z Medycyną była złączona do której Astrologia była Conditio sine qua non.

quam ostendit auctoris eruditionem, miram ejus
de variis rebus, cogitandi rationem, orationisque venustatem, omnino cognitu lectuque dignum
de eo igitur paulo fusius ut disseratur; operae
esse pretium existimo.

Exemplum illud, quod coram habui, cum
duobus diversis diversorum auctorum operibus
(Heraclidis nempe Pontici Allegoriae in Homeri
fabulas de Diis, hujusque versio latina Conra-
do Gesnero Medico Tigurino interprete. Basileae ex officina Joannis Oporini Anno MDXLIV
mense 7bri Alterum vero: Cornuti sive Phur-
nuti de natura Deorum gentilium Commentarius
e graeco in latinum conversus per Conradum
Clauserum Tigurinum. Palaephati poëticarum
fabularum explicationes etc. Philippo Phasiani-
no Bononiensi interprete item Juliani Aurelii
Lessigniensis de cognominibus Deorum Gentilium Libr. III. Basileae 1543) in unum conjunctum
est codicem. Hujusce exterum e corio confectum tegumentum parum mutilatum, manifestis
auratisque litteris excusum gerit nomen clarissimi saeculo XVI Stanislai Grepsii, qui opera haec Universitatis bibliothecae testamento le-
gavit, quod in primi supra commemorati operis
titulo in imo margine legenda manu scripta adnotatio probat: «M. Stanislaus Grzepsius major Collega pro ejusdem collegii bibliotheca lin-
quit MDLXX. Oretur pro co.»

Struthii describendum opus ordine postremum est Cracoviae typis excusum Mathiae Scharf-

fenbergii Anno 1531 in 8vo.— In prima operis
pagina tres diversae leguntur inscriptiones, scilicet:

«Luciani Samosatensis Astrologia E-
rasmo Rotterodamo interprete.»

«Josephi Struthii Posnaniensis in
Luciani Astrologiam commentariorum
libri duo.»

«Luciani Declamatio quaedam lepidissima Josepho Struthio Posnaniense
interprete.»

In summo ejusdem paginae margine adnotatio manu scripta reperitur talis: «Primam lau-
ream accepit anno 1529.— alteram anno 1531 una
cum Balthasare fratre seniore, cujus hic carmen
exstat.»

Subsequentibus 7. foliis numero haud notatis Luciani Astrologia Erasmo Rotterodamo
interprete continetur typis excusa antiquis, quum
reliqua omnia typis, quae dicuntur, cursivis ex-
pressa sint. Octo adhuc folia numeris carent,
quorum prima tria comprehendunt:

1) F. Mimeri de inventoribus Astrologiae ad Lectorem Carmen elegiacis versibus
(triginta) conscriptum, quo relata imprimis origine hujus disciplinae, eaque ab Adami filiis
deducta, qui duas erexisse columnas feruntur;
alteram marmoream, alteram ex informi limo
confectam, qua prior tegeretur ne interiret, in-
tegraque ibi scripta astrologica servaret, descrip-
toque modo, quo ex terrae visceribus deprompta

ih conspectu omnium posita fuere, hisce Struthium laudat verbis:

»Sic quoque; nunc pictis volitans super aëra pen-
nis

Struthius excussit lector amice tibi,

Tu facito ergo legas haec parvi scripta libelli

'Astrologus parvo tempore, magnus eris»

Sequitur deinde Tetrastichon Balthasaris
Strutbii in fratris sui commentaria: ..

»Livide, si scires constent quanto ista labore

Carpendi ulla tibi livide cura foret;

Judicium de aliis det, cui est addicta facultas

Fraterni studii solum ego testis ero.»

Hosce excipiunt versus sermone graeco concin-
nati:

πρὸς ἀναγινώσκοντα

Στρουτίου ἔργον τῶ δὲ φίλον καὶ ἥδυ γένοιτο
Ὅς περὶ τῶν ἀστρῶν κάλλε ἰδεῖν ἔραται

V. T. faciebat.

Denique incerti quoque auctoris (M. C. B.)
Ode Sapphica extemporaria de Astrologia, le-
genti sese offert, in qua Astrologia, praestan-
tiam suam et necessitatem praedicat; quanto vero haec disciplina tunc habita sit honore vel
ex hisce versibus abunde liquet:

»Caeterae quid sunt sine me matheseis?

Quid salutaris, medici fidelis

Potio prodest? vigilis quid agro

Cura Coloni?»

Duas dein paginas occupat »Catalogus scrip-
tornm graecorum et latinorum qui in hoc libro

citantur, quorum et libri et capita librorum
in marginibus adscripta sunt, ut nulla sit
lectori in quaerendo difficultas.» — Numerus eorum centum circiter aequat, unde elucet, quanta
jam juvenis auctor excelluerit eruditionis copia,
quum se jam cunctis Antiquorum litteris ver-
satum, varioque disciplinarum genere imbutum,
praestiterit.

Hunc Catalogum sequitur epistola ad Joannem a Lasko Episcopum Vesprimiensem tribus absoluta schedis perbelle causas pertractans
labentium liberalium artium disciplinarumque.—
Ex hac epistola, quae judicii acumine, sincera simplicitate, orationisque castitate insignitur, quaeque ob eas virtutes integra referri meretur, non
possum, quin nonnulla saltem adferam: «Que-
runtur nostrae aetatis scriptores praesul orna-
tissime, hisce temporibus, plus quam aliis pes-
sumire quidquid est liberalium disciplinarum,
sed cur id fiat, causas non dicunt, id quod in
primis dixisse erat operae precium. Querimo-
niae enim ut aegrotantium morbos non leniunt,
ita nec ignavorum animos ad studia praeparant.
At ubi fomitem et originem morbi resecueris
facile aegroto vel leve etiam elleborum medebi-
tur. Quod si idem fieret in iis, qui liberalia
studia negligunt, si causam negligentiae abscin-
derent, convalescerent, procul dubio, et ex ne-
gligentibus essent studiorum diligentissimi.

Ego, si me pateris aliquid de ea re pro-
nunciare, Antistes dignissime, dicam libere quae

4

sentio, nec verebor ea offerre palam, quae
vera esse palam cognovi. Mala quaedam hominum apud se persuasio internitionis studiorum,
quemadmodum et aliarum complurium rerum (de
causis astrorum, quamvis nunc Astrologum agam
prudens taceo) auctore Epicteto causa est. Per-
suaserunt enim nunc sibi ipsis juvenes bonarum literarum candidati, unam artem ex his,
quas Graeci προπαιδεύματα vocant, sine alia, se
commode scire posse, atque ita firmiter credunt,
ut eos ab hac perversa opinione avellere possit
nemo, proinde solius alicujus artis studio se
tantum addicunt, quam vident de pane lucrando
esse magis cujus amore dum flagrant, in odium
aliarum artium dilabuntur, hincque studiorum
inter se dissidium, hinc professorum mutua al-
tercatio proficiscitur, hic laudat poëticen, Dia-
lecticam vero nugas esse putat, ille Philosophiam ad astra si posset extolleret, linguarum
vero Graecae et Hebraicae studium haeretica
quaedam praestigia appellitat. Sunt, qui elo-
quentiam imprimis statuant, alia autem studia
adeo deprimunt, ut non alio nomine quam vel
Tricharum, vel somniorum ea dignentur. Atque
hi caeteris multo sunt insolentiores stultiores-
que, nulli favent professioni, praeterquam Ae-
neidi, et eunucho suae, omnem sapientiam ex
solo Vergilio, aut Terentio hauriunt. Qui si
in aliis Marcum Tullium et Fabium imitantur
certe in hoc quod omnium maximum est ab illis
dissentiunt, quod orbem illum scientiarum, qui

a Graecis encyclopedia dicitur, absolvere non
curant, quum tamen id toties ipsis praeceperit
Quintilianus et Cicero, delectantur inani verborum strepitu, posthabent vero ut plurimum,
curam cognoscendae demonstrandaeque veritatis,
dictionem citius componunt quam mentem, loqui malunt potius, quam sapere. Laborant, nec
quid aberret oratio, non ratio, sapientiam ab-
jungunt ab eloquentia, quae duo mutuo nexu
invicem conspirarunt, totus illorum labor est
in perquirendis sensualibus hisce et levibus rebus, quod tenuis et levis etiam ingenii est indicium».

Rem ultra prosequens, ignorantiam eorum
vituperat, qui spreto intimo disciplinarum artiumque vinculo, uni tantum alterive Philosophi
cujusdam libro inhaerent, matheseos studium a
Philosophia segregant. Eos quoque acriter car-
pit, qui paganorum scripta Christiano homine
indigna esse putant, de quibus ita habet:

«Sunt porro et alii qui statim ab ipsis cu-
nabulis pueros soli Theologiae mancipandos esse
censent, alia frustranea esse ac inania christiano
homine indigna. At hi obliti sunt fortassis illius Fabiani praecepti, neglectis minoribus non
est majoribus locus Quis unquam bonus fuit
Theologus et idem non orator, non dialecticus?
Quis aliquando repertus est consummatus medicus sine Physica et Astrologia? Aut quis vehemens et argutus dialecticus? nisi idem orator? et quis orator dialecticae inscius? de poë-

tis taceo, quos monumenta ipsorum linguarum,
philosophiae, dialecticae, Mathematices, omnium
scilicet artium peritos fuisse luculenter declarant.   Haec istorum hominum persuasio,
omnium studiorum est corruptela et pernicies.
Quam si studiosi ab animis prorsus abigerent
et ut sunt omnes cultores musarum, quarum
chorum non abs re poëtae junctas charites comitari fabulantur, ita omnes in gratiam redirent,
tum primum coalescerent studia, non pugnaret
orator cum dialectico, conveniret Philosopho
cum Astrologo, essent qui Graece et Latine
loquerentur, non altercarentur studiosi, non ri-
derentur Professores artium, haberet Polonia
Argyropilos, Picos, Beroaldos, Policianos, quos
olim Italia habuit et nunc eadem de causa habet.»

Eo fine auctor veterum scriptorum lectionem commendat, quorum studium, commentariis suis se facilius redditurum ex eo sperat,
quod Astrologiae divulgandae, arti ut·ait ad in-
telligendos latinos graecosque poëtas, perquam
necessariae sint destinati.   In fine epistolae sunt
laudes maecenatis sui, cujus erga se benevo-
lentiam et innumerabilia beneficia grato animo
agnoscit.   Indici capitum utriusque commentariorum libri, quatuor destinatae sunt paginae.
Opus ipsum in duos dividitur libros, folia 58,
totidem distincta numeris, amplectentes.   Alter
capita 23. continet, alter vero 21. Capitum haec
sunt inscriptiones:

Liber I.

Hocce capite liber absolvitur primus, folia
25 complectens.

Libri secundi hascee sunt capita:

ris et animi natorum hominum Astrologi praesentiant.

C. XIII. De varia Saturni fabulae interpreta-
tione.

C. XIV. De fabula quadam Homeri festivis-
sima, quot deinceps et quae causae
sint, ut sol omnium planetarum sit
potentissimus, ibidem de aurea ca-
tena Homeri.

C. XV. De alia Homeri fabula de jaculis solis, de variis nominibus de diversa
virtute ejus.

C. XVI. De clypeo Vulcani, in quo multa ex
arte Astrologiae Vulcanum effinxis-
se Homerus scribit.

C. XVII. De Veneris et Martis concubitu et
cur ut plurimum militares homines
luxuriosi fiunt.

C. XVIII. De diversitate effectuum Veneris et
Martis, quod etiam Homerum fabu-
la insinuasse, Lucianus ait.

C. XIX. De more et dignitate oraculorum,
praesertim in Delphis, ibidem de
Sybilla et dracone coelesti contra interpretem Arati.

C. XX. De Didymis et cur Apollo didymeus
a Solino, Strabone, Plinio dicatur.

C. XXI. De Tiresia Vate et Ulysse ex Homero.

Tandem epilogus libro huic finem imponit,
in quo, si labor ejus benigne susceptus fuerit,
se plura alia in juventutis usum in lucem edi-

turum pollicetur lectoremque rogans ita adloqui-
tur: «si quid (ut est ingenium humanum) vel
frigide dictum vel perperam expositum, in iis
nostris commentariis a vobis repertum fuerit,
ne improperaveritis bene volenti; quin potius
id tunc aetati nostrae juvenili, tunc negotiis gra-
vioribus, quibus sane multum distringimur ad-
scribetis »

Opus hoc, ut ex supra enumeratis capitibus
patet, congeriem tantum sistit variarum notitia-
rum, maximam partem e veterum scriptis de-
promptarum, principio carentium eo, quo de-
ducerentur, ideoque arte haud conclusarum.—
Nec mirum, si quidem tantum Luciani Astrologiam explicare propositum fuit nostro Aucto-
ri; ordini itaque, qui ibi servatur, et quem
ubique sequitur, adstrictus fuit, finem vero suum
ita assecutus est, ut quae in Luciani opere vix
uno verbo tacta, vel sine penitiori rei indaga-
tione commemorata sint firmis (quantum fieri
potuit) argumentis corroborare, veterumque scriptorum auctoritate confirmare conaretur.— Ubi
auctorum diversae sunt sententiae, has secum
comparat, et quae vera vel vero simillima sit,
et quam ob causam, ostendit; plurimum tamen
semper Aristoteli tribuit. Nomina omnium
scriptorum, quorum verba in hoc libello adferuntur (quam eorum, ut supra jam commemoravi,
ingens sit multitudo) hic indicare nimis longum
esset; rem igitur paucis facilius, ita a nobis ab-
solvi posse credimus, si dicamus, vix aliquod cla-

5

rum apud veteres, sive poetae, sive philosophi,
vel rerum gestarum scriptoris nomen ibi desi-
derari ut taceam de auctoribus posterioribus,
quorum plurimi quoque citantur. Sed ut vel paucos praecipuos adferam, reperies in parvo hoc
ad speciem libello nomina verbaque principis
poëtarum H o m e r i, immortalis H e s i o d i, P i n-
d a r i, clarique A r i s t o p h a n i s — Nec frustra
quaerentur nomina Philosophorum: P l a t o n i s,
A r i s t o t e l i s, P h i l o n i s.— Rerum gestarum
scriptorum: H e r o d o t i X e n o p h o n t i s, J o-
s e p h i, P l u t a r c h i et Geographorum: S t r a-
b o n i s, J a m b l i c h i, E r a t o s t e n i s. Habes quoque Romanos: V i r g i l i u m, O v i d i u m, H o-
r a t i u m, C a t u l l u m, L u c r e t i a m, C i c e r o-
n e m, F a b i u m q u e Q u i n t i l i a n u m S e n e-
c a m, P l a u t u m, C e n s o r i n u m, L u c a n u m,
M a r c u m M a n i l i u m, J u s t i n u m, V a l e r i u m
F l a v u m, M a r t i a l e m aliosque bene multos.—
Arabes A v i c e n a m et A l b u m a s a r e m.— Ex
posterioribus sibique proprioribus, meminisse
javabit S c o t u m, Struthioque aequalem E r a-
s m u m R o t e r o d a m u m. Poloni unius tantum
mentio fit, et quidem in Libro I, Cap. X. chart.
11. M a t t h a e i S h a m o t u l i e n s i s, operisque
ejus «E n a r r a t i o n e s S p h a e r i c a e» inscripti.—
Horum aliorumque plurimorum auctorum sen-
tentiis, Commentarii Struthii adeo sunt referti,
ut potius hisce secum conjunctis atque inter se
collatis constare videantur. Superest nunc, ut
in rem ipsam quam nobis hoc suo labore tra-

dit, inquiramus. Quodque de ea vel ipse habet vel nobis censendum, curatius indagemus.

Astrologiae quae illi est «salutaris et vera coeli scientia» duas secundum Ptolemaeum partes statuit, alteram theoreticam, alteram practicam. Prior illa est, quae nos ortus, occasus, magnitudines, locaque signorum docet. Cujus rei peritos Astrologos non solum a Gellio, sed passim a bonis quoque auctoribus nuncupari testatur. Practica vero, ea est, quae de judiciis et effectibus astrorum, genituris hominum, de futuris eventibus tractat. Disciplinam igitur quam nos Astronomiam, et diversam ab illa Astrologiam appellamus, ille uno nomine Astrologiae complectitur; eo tantum facto discrimine, quod priori epitheton theoretica; posteriori vero practica imponat, Aristotelis, cujus verba documenti loco adfert, aliorumque veterum auctorum morem amplexus.

Ignarus adhuc fuit maximae illius, a populari suo paulo post detegendae veritatis (1543), quae doctrinae, de qua agitur, longe aliam impertitura erat speciem, illam ad summum perfectionis culmen evectura, calculosque astronomicos firmissimo ac certissimo fundamento superstructura; ignotus enim ei erat: terrae motus, quem soli omnibusque reliquis planetis attribuit, terram in medio quasi mundi constitutam esse, autumans. In libro enim II Cap. VII. char. 36. haec leguntur:

«Non ergo ullum est dubium solem duobus ferri motibus, experimur enim nos ipsi solem quotidie intra horas viginti et quatuor (tot enim horis et primum mobile motum suum perficit) cursum peragere, experimur quoque: eundem intra unius anni curriculum (ut prius diximus) alterum motum proprium scilicet absolvere. Nec tibi mirum sit unum solis corpus diversis impelli motibus, accipe rem similitudine: Nauta dum vehitur commode duobus movetur motibus, rapitur enim illuc quo navis tendit, ad haec ipse suo motu potest in eadem navi retro procedere.»

In libro eodem Cap. X. chart. 40. haec habet: «Poli non a poliendo ut quidam volunt, sed averbo Graeco πολῶ, quod est verto, dicuntur, per polos enim, ut inquit Plato, fit mundi conversio, ipsi autem non vertuntur, sunt immobiles, assertore etiam Aristotele. Nihil vero aliud sunt quam puncta axem terminantia, imaginantur enim Astrologi, lineam diametron, per totum coelum et centrum ejus terram scilicet transire, circa quam octava sphaera et aliae omnes vertuntur, cujus extrema puncta polos vocant. Sed id Proclus Diadochus pulchrius iis verbis docet....»

Peripatheticum sequitur philosophum autumans, planetas non proprio suo, sed eodem, quo eorum orbes, circumferri, terramque intra 24 horarum spatium ambire, motu, id quod haec ejus probant verba: Lib. I. Cap. XIV «nulla

(enim) stellarum sua natura perse moveri potest,
ut quidam opinati sunt referente Macrobio, cujus opinionis et Cicero esse videtur, qui ita
scribat: Novem orbibus vel potius globis connexa sunt omnia, quorum unus est coelestis
extimus, qui reliquos complectitur omnes, in
quo sunt infixi illi qui v o l v u n t u r stellarum
cursus sempiterni, aperto dixit v o l v u n t u r ut
stellis fixis motus quosdam proprios seu voluta-
tiones inesse ostenderet. Ejusdem opinionis
sunt et v u l g a r e s h o m i n e s, qui propterea,
quod ipsis stellae noctu tremere videntur, putant eas agitari quodam modo volvique Ego
sententiae Ciceronis docti alioquin hominis, Aristotelis doctioris Philosophi auctoritatem objiciam:
*Oportet quidem coelum moveri eo qui in ipso est
motu, alia autem astra non procedere per se ipsa.* —
Et ridiculum sane esset, stellas quae nullum
organum habent, nullos pedes moveri in orbe.
Cur vero ita videatur sensui vulgarium hominum, rationem physicam adferam: Mathematici
dicunt stellas ex reflexione radiorum solis ad
ipsas apparenter scintillare, stellae enim corpora
sunt densa et solida, superficies habentia, cu-
jusmodi habent specula, reflectunt igitur radios
solis, sed quia continue moventur corpora coe-
lestia, variantur continue anguli radiorum solis,
qui in stellas incidunt et etiam anguli eorum
radiorum, qui ab ipsis reflectuntur, sensibilis
autem variatio facit, ut nobis stellae vibrari tre-

mereque videantur.» — Sphaerarum numerum 11.
statuit, quarum alia ab alia includitur, terra
vero in medio collocata est nuclei adinstar,
primus terrae proximus orbis est orbis Lu-
nae, quem sex reliquorum planetarum (quibus
et sol adnumerandus) orbes sequuntur, octa-
vam sphaeram coelum stellatum (cui stellae fixae
inhaerent) sistit, huicce tres adhuc succedunt
sphaerae, quarum postrema seu 11ma a theologis
coelum empyreum, hanc vero praegrediens seu
10ma ex eo quod reliquas in motum agat primum mobile ab Astrologis appellabatur. Coeli triplex secundum Aristotelem apud Auctorem
nostrum est significatio: i. e. aut extremam su-
premamque denotat sphaeram, aut universum,
aut orbem terrae proximum. Motus viam sequitur ab oriente ad occidentem, per hunc stellae intra 24 horas, totum coeli spatium circu-
meunt. (fol. 35) «Hunc motum,» ut ipsius auctoris utar verbis — «planetarum Astrologi rap-
tum seu diurnum adpellant. Alter enim est
(et planetis omnibus) motus proprius, quo ipse
ab occidente in oriens in adversum semper
nititur.»

Adversatur itaque Auctor sibi ipsi, quum
duplicem, eumque contrarium admittat motum,
utrumque vero sphaerarum ope peragi existimet.
Rem istam neque exemplo supra jam commemorato dilucidari posse ipse perspicere videtur,
ubi contradictionem ita tollere conatur, minime
quidem feliciter:

«Verum igitur, est Luciani dictum, qui nunc videtur nobis occasus, cum fit occasus mundi i. e. sphaerae octavae solis exortum esse. Id vero quod subdit ultra, eos duos motus esse contrarios, paulo est obscurius. Aristoteles dicit: *motui circulari non est aliquis motus contrarius,* tantum illi motus sunt contrarii, qui fiunt per lineam rectam ad terminos contrarios, ut ille qui est sursum, contrarietur ei qui est deorsum. Planetarum autem motio circularis, non ad loca contraria, quin potius ad locum eundem est, non est igitur, alteri motioni altera ejusdem planetae motio contraria, nam et juxta diversas lineas fiunt; motus raptus est juxta lineam circuli aequinoctialis, proprius vero juxta lineam zodiaci circuli. Quod dubium ut solvas, scito hanc Luciani sententiam, ita debere intelligi, sicut illa Ciceronis in sexto de republ; (in somnio) intelligitur, «Nono orbi subjecti sunt septem, qui versantur retro contrario motu,» contrarium enim hic exponimus pro diverso non pro vere contrario, sicut et illud apud Aristotelem: *Principium motionis planetis est contrarium propterea, quia lationes contrariae* diversa sunt principia motus planetarum, quia diversae etiam motiones. Alioquin si hae duae planetarum motiones contrariae essent, non convenirent uni eodem tempore, altera impediret alteram, atque ita una earum esset frustra, quod in natura rerum non

fieri ostenditur Aristotelis sententia quam in sin-
gulis fere libris repetit *Deus et natura nihil faciunt frustra.*"

Ex hisce quoque manifeste elucet quam coe-
cam auctor fidem in Aristotele collocavit, cujus
verba quasi ex tripode dicta, fallereque nescia
habuit, etsi sibi ipsi nonnunquam absona vide-
rentur.

Ut ad motum de quo agitur alterum redeam,
hunce cuivis orbi proprium esse, diversoque ab-
solvi tempore, existimat ita, ut Saturnus qui
a terra maxime distat, longissimo egeat tempore; Luna vero proxima, citissime orbem 12
signorum seu Zodiacum percurrat. Signiferi in
duodenas partes divisionem duplicem adfert, ter-
tiamque totius coeli adjungit imaginibusque illustrat; praeterea sunt in hoc libro et aliae astrorum imagines.

Singulare est admodum quod auctor noster
de duplici narrat Aethiopia, altera citra tropicos
posita orbes, a rudibus, inopibus, pecuariis inha-
bitata incolis, ibi gravis aestus omnia exurit, quia
sol ibidem perdiu splendet, regionemque istam
hominibus valde reddat importunam, quamobrem
ibidem insipidi nascantur. Altera vero Aethiopia
est, cujus incolae prope Aequatorem vel sub eodem habitant: «Et hi sunt (fol. 9.) qni et coeli
serenitatem et tranquillitatem habent, temperan-
tissimam enim regionem obtinent, cujus et hoc
non tenue est argumentum, quod longissime
vivunt ac propterea a Solino, Macrobii i. e.
longae vitae vocantur.

«Quomodo vero torrida terrae plaga, quae ob ardentem Sirium a veteribus non habitabilis credebatur, temperantissimo gaudere coelo, possit, physico argumento probare adnititur «plaga media» ait «juxta eos et alios poëtas male habitabilis est, sed non tota, eam enim portionem ejus, quae Aequatori substat, excipio quae licet radiis solis rectissimis subjecta sit, temperantissima tamen omnium terrae habitabilis partium est. Quod et si inauditum et prorsus non verisimile multis esse videatur, cui et antiqui Graeci ac Latini scriptores, refragentur, pluris tamen apud nos ratio physica esse debet, quam vel vulgi variabilis opinio, vel dubia scriptorum vetustorum assertio. Ratio physica haec est, quam illi qui optices (Latini prospectivam vocant) jucundissimam et verissimam artem norunt, facile intelligent. — Omnis radius rectus, reflexus seu fractus, tanto debilior est adurendo, quanto minus figitur in objecto quopiam, id quod etiam ipsi experimur, videmus enim ex fluminibus propter velocem motum aquae multo minores esse exalationes, quam ex aquis marinis, quae quiete continua torpescunt et salsae fiunt, idque propter radios solares adurentes et penetrantes intimius.

Et ceram rem per se liquidam, si illi raptim fax ignita adhibeatur, non perfluere sed integram esse. Radii vero solis in hac Aethiopia, minime figuntur. — Sol enim in Aequatore celerrime rapitur (quod licet breviter pulchre

6

tamen Joachimus Antverpianus in suis
institutionibus Astronomicis ostendit) causa est:
*Aequator omnium circulorum est maximus secat
enim sphaeram in aequales partes* ut ait Theon.
Si igitur Sol, aequali tempore, scilicet 24 horis, quo minimum paralellum peragrat, aequatorem describit, velocius in eo moveatur necesse
est, et virtus ejus in subjectis sibi locis, minus
figatur et adurat minus. Ad haec acquinoctium
in illis locis est perpetuum, quantum ergo Sol
sua praesentia calorem exagerat, tantum sua
absentia eundem remittit.»

Soli tantum lucendi facultatem propriam inesse, lunam vero caeterasque stellas, lumine carere, illudque quo noctu splendent a sole mu-
tuare, contendit argumentisque nonnullis probare conatur.
Hae circiter praecipuae sunt sententiae, quae
de corporibus coelestibus in Struthii Commentariis reperiuntur, et quidem ex hac Astrologiae
parte, quam ipse theoreticam appellat, et quas
hodie commode Geographiae, mathematico-phy-
sicae adnumerare possumus.

Perlustranda nobis nunc veniunt placita de
altera Astrologiae parte, quae practica ab auctore nostro appellatur. Prae omnibus vero au-
diamus oportet quanti ab eodem ipso aestimetur?
quantamque arti huic tribuat certitudinem? id
quod duobus libri primi, quarto et quinto pertractat capitibus, quemque ipsum de hac re dis-
serentem audivisse juvabit:

«Quae (Divinatio) licet varie apud priscos
(illos) homines ex aruspiciis, solistimis tripu-
diis, somniis, incantationibus, oraculis peteretur
tamen nunquam certius quam ab Astrologis,
qui ex astris futura eventa cognoscere et scientiam rerum futurarum petere conati sunt, quae-
sita est. Non enim ipsi per conjecturas leves,
non per signa inania, sed per causas ipsas,
quae est omnium perfectissima sciendi ratio
futura scire laborant, docentque.»

Seductus vero fuit Struthius ad hanc sententiam conjectura audaci, quum vim, quam
stellae in terram et per hanc (quod probabile est)
in salutem generis humani exercent, ad singulorum hominum vitam, sortemque futuram ex-
tendisset. Vim vero hanc mutuam triplici pendere momento, contendit a motu corporum coelestium, lumine et influentia. In capite
enim 3tio haec de vi motus leguntur: «Constat
enim ex medicorum philosophorumque, sententia, coelum omnem alterationem, mutationemque
eorum inferiorum motu, lumine et influentia ef-
ficere, pariter et vitam cuilibet praestare. Motus enim coeli est primus omnium motuum
ut dicitur in Physicis. Atqui primum in uno
quoque genere est causa sequentium, ut dicit
Aristoteles. Si ergo coelum staret, cessaret omnis
inferiorum motus, immo ne festuca quidem levari
possit. Quemadmodum in animalibus si cesset
motus cordis, qui in ipsis primus est, jam ne
digitulus quidem movebitur amplius, nec ocu-

lus videbit quidquam, et omnes aliorum mem-
qrorum motiones peribunt·»

Luci vero, quae illi «summa est qualitas
corporum, corporeae vero naturae primus vitae
gradus· vim tribuit, corpora, vitalia, ad vitam
praeparandi, quamquam haec ipsi non contigit.
Influentiam denique secundum Coelaeum oc-
cultam quandam corporum coelestium virtutem
adpellat; quae itaque ei vi respondet, quam nos
dynamicam nuncupare consuevimus. Hujns
in terram ejusque corpora actionem his exponit
verbis (folio 6): «Nam si intra tellurem varia
latent metalla, varii naturae partus, quos nec
motus, nec lux coeli attingit, sed sola influentia perficit, ne ullum dubium est et corpora.no-
stra quae magis sunt coelo exposita, suam a tali
influxu, vitae perfectionem recipere, quod. et
medicorum scripta approbant, qui sicubi. coeli
meationem faciunt, tum et influxum ejus ad
nos profieisci asserunt.»

Inter Astrologos claros primas Ptolemaeo
tribuit partes, qui, ut refert «omnem rerum. futurarum scientiam quatuor libris Quadripar-
titi complexus est, unde eversiones regnorum,
proelia, uberes proventus, hominum genituras,
affectus, mores, valedutinem, formam, artes,
ministeria, conjugia et si quae sunt alia iis similia praescire discimus.»

Astrologi ideo artifices putandi, aeque ac
medici, quorum errores non arti, sed potius
ingenii humani imbecillitati imputari debent.

In capite enim 3tio de Astrologo ita loqui-
tur: «Peritus enim et expertus Astrologus men-
datia (sic) non profert, quod si aliquando fallitur, scientia tamen quae semper verorum est,
ut docet Aristoteles istius causa non erit. Quin
potius materiae dispositio (ut ait Ptolemaeus et
Hali) quae et contingens et mutabilis est, causa
est quod fallitur Astrologus. Et sicut medicus,
qui aegri sanitatem petet, etiam si valetudinis
vi aut intemperantia aegri, aliove quo casu spe
sua frustretur verus medicus dicendus est, ut
ait Fabius (ars enim in eventu posita non est)
ita et peritus Astrologus, si vitio aut diversa
habitudine, materiae secus, quam ipse praedicit, quidpiam eveniat culpandus non est, dummodo omnia secundum rationem et artem suam
fecerit.»

Ne vero quispiam objicere possit, ab eo,
quum omnia coeli vi tribuantur, rationem aut
intelligentiam hominibus denegari, animam a
coeli imperio eximit provocatque ad Ptolemaei
et sibi dilectissimi Aristotelis auctoritatem, rem
ita explicans:

«Non ita dicunt Astrologi, coelum imperare
animae, ut sentiant animas hominum a coelo
necessitate constringi, cogique; aliter coelum
in elementa, in plantas, in corpora, aliter in
animam agit. Imprimunt vim suam astra elementis et corporibus aliis, quae et disponunt
et immutant, et nulla obstante, objice variant,
id quod et coecus videt, intellectum antem tan-

tum inclinat, praeparato enim ad aliquam passionem humano corpore, praeparatis etiam sensualibus aliis, facile huic passioni et intellectus noster (ut sqmus fragiles) succumbit: *animae enim sequuntur corpora* (Aristoteles in Physiognomia). Dum ergo Astrologi praedicunt affectus hominum, alios futuros esse libidinosos homines, alios callidos, alios discordes, alios benignos, alios mites, non necessitatem dicunt, sed inclinationem animae ad hosce affectus. Non agunt ergo sydera in intellectum? non agunt directim sicut in reliqua alia, stultus enim esset, qui diceret, rem corpoream, coelum scilicet, dirigere immaterialem et immixtum intellectum, sed animae dicuntur, duci a coelo (ut ita jam loquar) ducuntur enim ut plurimum a corpore quod paret astris.»

Indolem et vim singularum stellarum in corpora terrestria paucis tantum perstringit verbis, remque totam uno absolvit capite, (lib. I. Cap. XV. fol. 16) Sic inter planetas, quorum septem (ut supra commemoravi) numerat, Saturnus propterea, quod longe a sole distat, multo frigore aliquando et humiditate distinguitur, ejusque opera sunt, res, quae longo tempore durant ut regna haereses, haereditates antiquae

Jupiter ut situ et indole sua medius est inter Saturnum Martemque, ita mediam quoque habet indolem inter prioris frigiditatem, hujus-

que fervorem, proinde calefacit et hume-
ctat hominum generi prospicit, salutaris est et ventorum auctor.

Mars admodum calida insignis indole in-
cendia efficit.

Sol princeps est omnium, temperatum habet calorem, siccitatemque, praeest regibus,
principibus, omnis vitae auctor.

Temperata quoque calida indoles Veneri
contigit, sed simul admodum humida, uxorum,
fermosarum puellarum et virginum tu-
trix, amorum ac deliciarum conciliatrix.

Mercurius contra frigidus est et sic-
cus, sed facile virtutis alius cujusdam planetae particeps fit, si huic rei, propinquitas favet.
Eidem oratores regum, tribuni, nego-
tiatores, omnesque illi qui calliditate, et
fraudulentia uti solent, subsunt.

Luna tandem frigida est et humida, hu-
mectatione itaque, corporum putredini favet, ho-
minibusque praeest vagis, mutabilibus.

Pro varia vis suae, quam in corpora exercent, efficacia, sex statuuntur gradus, qui graece *Δυναστειαι*, latine potestates nuncupantur,
quarum ad humanarum dignitatum exemplum
haec sunt nomina: Domus, principatus seu
regnum, terminus, trigonus, decanatus
et gaudium. Diversas has potestates acci-
piunt planetae pro diversitate partium coeli vel
stellarum, quibus adpropinquantur vel contra.

«Sunt enim loca (ait auctor) in zodiaco circulo, quae vel sua natura, vel natura stellarum
in eis sitarum, naturis planetarum sese acco-
modant, ad quae dum pervenerint planetae, de-
cani, alias reges, alias Domini (pro diversitate scilicet locorum coeli dicuntur).»

Quo facilius diversae planetarum poten-
tiae, legentium oculis subjiciantur, memoriaeque mandentur, in tabula annexa cujusvis planetae regnum, domum, et caetera, seu locus
coeli, in quo majorem aut minorem vim in corpora exercent, designatur. In capite 21. lib. I.
fol. 23. modum explicat, quo utantur Astrologi, ut astrum quod alicui regioni vel civitati
praesit, determinent; (ex his etenim futuri praedi-
cuntur eventus,) triaque ab illis diligenter observari refert primum: tempus originis
regni vel civitatis; dein astrum, quod illo
tempore in ascendente erat, postremo plane-
tam, qui ascendentis vel medii coeli Domi-
nus fuerit. Haec sequenti exemplo illustrat:

«Si enim aliqua regio vel provincia eo tempore coli primum incepit, vel princeps aut rex
ejus primo coronatus in ea sedit, quo aries in
ortu fuerat, arietem sibi signum praedominans
habebit, et Martem praesidem, significatorem et
praedominatorem (tot enim nomina talibus planetis Astrologi attribuunt) suum, eo quod in
ariete Mars domum suam et decanatum et ter-
minum (ut ostendimus prius) possidet. Eamque
ob causam Cracoviae et Poloniae minoris arietem

et Martem significatorem statuimus. Si vero
taurus in coronatione vel origine prima in ortu
fuerit, Taurus et Venus regni praesides erunt,
quos Posnania et Major Polonia non aliam ob
rem suos habet.»

Si vero regna labuntur vel devastantur, aut
civitates alio quodam modo, ut exempli gratia
incendio dirimuntur et denuo coli incipiunt alios
nanciscuntur praesides.

His absolvimus eas, quas de astrologia vera seu practica ex Struthio deprompsimus, notitias. Reliqua Commentariorum capita tantum
fabulas continent ex Antiquorum Mythologia,
aut earum interpretationes, quae maximam partem ex Homero, Solino, Strabone, Plinio, He-
rodoto, Diodoro aliisque adferuntur.

Commentariis Struthii adnexa est Luciani
Declamatio lepidissima a nostro auctore
latine reddita, sex comprehensa foliis numeris
haud notatis. In prima pagina haec legitur
inscriptio:

Luciani Samosatensis Declamatio
lepidissima quae δίκη Φωνηέντων id est: judicium vocalium inscribitur, Josepho Struthio
Posnaniense interprete. Sub eadem hocce legitur
hexastichon:

Josephus Struthius ad lectorem;
Est fateor specie hic tenuis parvusque libellus
Sed plus multo aliis utilitatis habet.
Nam si rem hic spectes, quae agitur, festivius illo,
Si vero artem nil doctius esse potest

7

Porro si quaeris fructus quos inde reportes
Frange nucem, nucleum perfacile invenies.

Ipsi Declamationi praemissa est epistola ad
eundem J o a n n e m a L a s k o, ad quem epistola, cujus supra mentionem injeci, est perscripta. Haec duas paginas occupat, in eaque Auctor Patroni sui virtutes et pietatem praedicat,
nec non beneficia ab ejus patruo Archiepiscopo
in se collata summis effert laudibus, et deniqne
rogat, ut hunc quem illi dedicat libellum, quo
observantiam tantum suam erga illum declarare
adnititur, benigne recipiat; qui si ei placuerit,
se plura Graecorum poëtarum et Astronomorum
opera jam pridem in latinum translata, in lucem editurum, promittit. En propria ejus verba: .Sic res habet, ut intelligas, quid velim,
sunt mihi aliquot Graecorum, et Poëtarum et
Astronomorum opera, quae jam pridem e Graeco
in latinum (si Diis placet) transtuli, sed tan-
tisper apud me reservo, quoad satis maturescant,
et luce frui apta sint, ea sub nomine tuo edere
constitui, cognito tamen prius tuo animo, ju-
dicioque.»

Ipsam versionem typis quae dicuntur, antiquis majoribus excusam hoc argumentum Luciani inchoat: «Imperante Aristarcho Phalereo
mensis Octobris instantis, die 7^a sigma litem
intendit litterae taf, coram septem vocalibus
vis et rapinae constitutis vindicibus. Dicebat
vero se nimium spoliari iis praesertim, quae ge-
minato taf efferuntur.»

De ipsa versione non est, quod referam,
illam vere latinam esse, si quidem quisquis auctorem nostrum vetustorum operibus quam maxime imbutum sciat, eorum quoque sermonis
gnarum esse non dubitabit. Sequitur deinde:
«Iudex eorum, quae Commentariis Astrologiae
continentur. Primi numeri chartas significant,
secundi paginas.» Et iudex hic quidem in ordinem alphabeticum digestus est, et septem complectitur folia, in postremo libri folio errores
typographici recensentur, folio verso legitur:
Excussum Cracoviae per Mathiam Scharffenber-
gium Anno MDXXXI.

II.

ARTIS SPHYGMICAE
bibliographico - critica
DISQUISITIO.

Immer gab es eine unsichtbare Kirche aech-
ter Aerzte die der Natur treu blieben, von
ihrem Geiste belebt wurden, in ihrem Sinne
handelten und das heilige Wort bewahrten;
die immer Eines dachten und wollten, die sich
verstanden, und immer verstehen werden durch
alle Wechsel der Zeiten und Sprachen hin-
durch. So gab es immer Männer wie Hippo-
krates, Aëtius, Baglivi, Sydenham,
Huxham, Boerhave, Werlhof, Bren-
del, Zimmermann, Lentin. Frank.

HUFELAND.

De alio medici nostri opere, quo sibi maximam comparavit famam, nomenque suum non
tantum intra patriae limites, sed apud exteras
quoque nationes clarum reddidit quodque post
25 annos, ex quo supra latius descriptum opusculum typis exscriptum est, Basileae in lucem
prodiit, nonnulla nunc proponere in mente est.
Gąsiorovius (Zbiór wiadomości do Historyi sztuki lekarskiéj p. 202) nuperrime nonnulla scitu
digna ex eodem excerpta divulgavit capitumque
inscriptiones ordine recensuit. Nobis in eandem
rem penitius inquisituris plurimum interesse videtur, ut plenam doctrinae, quam explicat imaginem exhibeamus; quo melius, quibus com-
mendetur virtutibus, vel quibus laboret mendis
eluceat.

Opus istud Sphygmicae artis etc. lib. V.
inscriptum, ut supra jam commemoravimus, ter
editum est. — Primae editionis exemplum, quod
vivo auctore typis excusum est, in bibliotheca
Univers. Jagellonicae adservatum, coram habui.

De inscriptione formaque codicis jam supra
retuli. Paginis constat trecentis et sexaginta sex,
quae numeris sunt notatae, extremae utraeque
schedae, et quidem primae octo, et novem ultimae numeris carent. Prima omnium folio re
cto inscriptionem habet, folio verso scriptura
vacante. Epistola Scholae Philosophorum et Medicorum Patavinae perscripta alteram occupat
schedam. Sequitur dein: »Elenchus capitum, in
quo prior numerus caput, alter paginam significab,
seu recensio capitum hocce opere contentorum
quinque schedis comprehensa.« Folio uno vacuo
interposito ipsius dein operis caput primum in-
cipit, seriesque 366 paginarum numeris distin-
ctarum. Typis cursivis totum opus descriptum est.
Prima unius cujusque libri litera et magnitudine sua et imagine quadam flosculi vel
animalis ceteras omnes antecellit. Schedae vero
ultimae, quas numeris carere, jam monuimus,
(prima tantum pagina erroribus typographicis
recensendis et emendandis destinata, excepta)
indicem complectuntur rerum et verborum in
alphabeticum ordinem digestorum. Ultima earum
pagina vacua est. Toti operi tabula in folio
adnexa est, omnium pulsuum genera ob oculos
ponens.

Ipsum opus, ut ex ejus inscriptione elucet, in quinque dividitur libros, ita dispositos, ut primus praeter definitionem rei, de qua tractaturus sit auctor, utilitatem aliasque id genus, quae vulgo praemitti solent, notiones, omnia quotquot observari possunt pulsuum genera recenseat, id quod 27. absolvitur capitibus.

Liber secundus tredecim habens capita modum et praecepta tradit cognoscendorum pulsuum in priori libro recensitorum.

In libro tertio et quarto, quorum ille 21, hic vero 38. comprehendit capita, de omnium pulsuum causis agitur.

Libri denique quinti capita septemdecem de praesagiis e diversis pulsibus ferendis tractant.

De hac doctrinae de pulsibus divisione in prima operis pagina leguntur haec:

»Sphygmon Graeci pulsum vocant, inde nomen datum est arti Sphygmica i. e. si latine licet dicere Pulsuaria, quae versatur circa motum cordis et arteriarum, cujus quatuor sunt partes, de quibus medici quam plurimi, ne somniarunt quidem. Physiologica, in qua genera omnia pulsuum et omnes differentiae ordine recensentur, quam nos primo libro tradituri sumus. Diagnostica, quae instituit, quo ingenio et industria singuli pulsus sunt cognoscendi et discernendi: quam nos libro secundo prosequemur. Aetiologica, quae causas singulorum pulsuum rimatur et examinat, quam nos tertio et quarto libro complectemur. Prognostica, quae hominum

eventus praesagire ex pulsibus docet, quam nos
libro quinto conscribemus..

Auctores dein plurimos veteres, qui de hac
arte scripserunt, Struthius enumerat, ut Ascle-
piadem, Athenaeum, Erasistratum, Ar-
chigenem, Agathinum, Heraclidem E-
rythraeum, Chrysermum, Zenonem, A-
ristoxenem, Bacchium, Heraclidem Ta-
rentinum, Alexandrum Philalethem,
Herophilum, quorum agmen Galenus claudit,
illi etiam Archigenis et Herophili Commentator
appellatus. Quorum tamen opera, injuria temporum perdita, ad Struthium ipsum non pervenerunt, exceptis tantum Galeni de pulsibus libris, de quibus haec habet: (C. 1. P. 2).

»Restant libri de pulsibus Galeni non adeo
exigui sed inextricabiles, quos nemo unquam
Latinos intelliget, etiamsi quis se ad insaniam
usque in eis exerceat: et Graecos non facile; sunt
enim pluribus in locis mutili et depravati, ac
ea spe a Galeno conscripti, quod vix unus e mille
(ut ipsemet testatur Galenus) eos sit intellectu-
rus. Tolerabilis utcunque fuisset jactura horum,
quos recensuimus scriptorum, si restarent octo
libri commentariorum Galeni super artem Sphygmicam Archigenis, commentarii super Erasistratum, commentarii super Herophilum, quos ipse
diligenter se conscripsisse aliquot in locis meminit. Sed dum ne fragmenta quidem horum
supersunt non facile est uni homini artem Sphygmicam denuo restaurare.»

Dein vim atque momentum artis suae effert et praedicat, affirmans: Galenum nulla alia doctrina adeo inclaruisse, quam Sphygmica, eidem se ipsum omnia fortunae dona quibus haud exiguis cumulatus est, illi se omneni auctoritatem et honorem, quo unquam gavisus esset, debere. En propria ejus verba: (L. I. C. I. P. 3). «Jam si mihi de me ipso citra notam arrogantiae loqui licet, quidquid ego authoritatis apud populares meos et exteras nationes, quidquid invidiae apud aemulos, quidquid opum et divitiarum (quibus me abundare ne Dei beneficio ingratus esse videar, inficiari nolo) snm adeptus id totam divinae benignitati et arti Sphygmicae acceptum refero.»

Antequam denique ipsam doctrinam exponendam adgreditur, in fine primi capitis viam et rationem quam se hac in re secuturum esse indicat (Cap. 1. P. 4).

«Nos vetustissimorum cujusvis professionis scriptorum exemplo adducti, non possumus nobis persuadere, aliam esse artium tradendarum meliorem methodnm, quam quae rerum definitionem genera, differentias, causas et effectus investigat: et quae a certis principiis exorsa, continente perpetuoque quodam filo, omnia deducit firmis rationibus, hanc nos immutabimur, nec ab ea nos divelli sinemus.»

Pulsus definitio, ejusque secundum Dialectices praecepta interpretatio alterum explet libri primi caput. Est illi pulsus (Cap. II p. 5).

«Actio propria primum cordis, secundo arteriarum, quae distensione et contractione moventur, a facultate vitali, tum propter conservationem temperiei caloris innati, tum propter generationem spiritus animalis in cerebro.»

Ex hac definitione, clarius vero ex adjecta eidem fusa explicatione, Galeni de cordis arteriarumque vi et actione commenta manifeste elucent. Edocemur enim: Cordi insitam esse vim seu facultatem vitalem, hanc a corde cum arteriis communicari, ope hujusce et arterias, quae propriae illius harumque sunt actiones, contrahi et extendi. Distensione seu Diastole aërem adtrahi, seu inspirationem provocari; qua calor naturalis partim temperetur una et continua quasi sufflatione excitetur, partim vero fieri, «ut ex aëre adtracto, ut pote ex materia apta simili, lucida generetur spiritus in cerebro» ac denique contractione sanguinem ab inutilibus excernendisque vaporibus purgari cum exspirato aëre eliminandis.

Haec est causa, cur dialecticorum usus nominibus, vim vitalem cordis et arteriarum causam pulsus efficientem; ipsa vasa, quae instrumenta quasi ejusdem vis sistunt, causam pulsus instrumentalem; aëris vero attractionem, spiritus animalis in cerebro generationem et sanguinis expurgationem, causam pulsus finalem adpellet, seu illam ob quam pulsus fiat.

Quae inde decurrunt, libri primi capita pulsuum tradunt divisionem et differentias. Distinguuntur autem in universum pulsus sim-

8

plices, compositi et pulsuum relationes seu diversae plurium pulsuum, vel singularum eorundem partium rationes mutuae ·Re-
lationes autem intelligo (verba sunt ipsius auctoris) dum pulsus alii ad alios, vel partes eorum
ad alias partes referuntur »

Simplicium pulsuum quinque statuuntur genera, totidem momentorum ratione habita; sunt
vero haecce:

1. genus Quantitas distensionis
2. — Qualitas motus.
3. — Quantitas temporis quietis.
4. — Qualitas virtutis.
5. — Qualitas arteriae.

Unum quodque genus tres complectitur species, pro diverso cujusque proprietatis gradu
ita ut:

1. genus pulsum: magnum, mediocrem
   et parvum,
2. — pulsum: celerem, mediocrem,
   tardum.
3. — pulsum: crebrum, mediocrem,
   rarum.
4. — pulsum: vehementem, mediocrem, languidum.
5. — pulsum: mollem, mediocrem,
   durum, comprehendat (6)

(6) Ad ipsam hanc pulsuum distinctionem quod adtinet, auctor divisionem Archigenis Apamensis
imitatus est, qui Trajano regnante Romae artem medicam exercebat et celebre opus de pul-

Simplices isti pulsus similiter atque simpli-
cissima corpora seu elementa nunquam seor-
sim observari, sed in compositis tantum dignosci possunt. «Arteriam enim» sunt verba ejus
«sese adtollentem semper praedicta quinque genera simul comitantur, ratione autem singillatim
distinguuntur.»

Compositi tot sunt pulsus, quot ex vix allatis quindecim simplicibus multifariam secum
conjunctis oriri possunt. Horum 17. exempla
frequentissima, in tabula paginae 8⁷ᵃ° adjecta,
proponuntur, cujus partem, ut illius clara menti
lectoris obversetur imago, exscripsisse juvabit:

1. Magnus - Celer - Creber - Vehemens - Mollis
2. Mediocris - Mediocris - Mediocris - Mediocris -
   Mediocris.

suum doctrina conscripsit cujus, quae adhuc
supersunt, perpauca fragmenta, Galenus illius
commentator, ab interitu servavit. Archigenes
octo pulsuum genera distinxit quibus nomen inu-
sitatum διηχημέναι imposuit sunt vero: 1) Magnitudo, 2) Vis, 3) Celeritas, 4) Crebritas, 5)
Plenitudo, 6) Ordo, 7) Aequalitas et 8 Rhythmus.— Unicuique generi tres subjunxit species,
duas scilicet extremas sibique oppositas et mediam seu naturalem.— Monendum tamen, Struthium usum potius et experientiam, quam dialec-
ticam disputationem respexisse et methodum Archigenis mathematicam solummodo amplexum
fuisse rejectis subtilibus illius figmentis.

3. Parvus - Tardus - Rarus - Debilis - Durus
4. Magnus · Mediocris - Mediocris - Mediocris -
   Mediocris. ,
5. Magnus - Tardus - Rarus - Debilis - Durus
6. Mediocris - Mediocris - Mediocris Vehemens
   Mediocris.

Relationes vero pulsuum, ita vocatae «quoniam sunt de numero eorum, quae ad aliquid
dicuntur» exhibent vel ordinem vel ataxiam seu
ordinis perturbationem, rhythmum, aequalitatem
et inaequalitatem. Secundum haec momenta,
pulsus multifariam insuper dividuudor, plurimas-
que effingunt species.

In quinto libri primi capite causa adfertur,
cur pulsuum simplicium quindecim tantum statuantur species, dum longe plures esse possent
et revera sint? videlicet, quod alios medico inutiles alios vero tactus ope non percipiendos pu-
tet, illis pulsus frigidos et calidos («nihil
enim ex iis agnoscitur, quod scire referret, neque iis medici ad prognostica utuntur commode»),
his vero pulsum plenum, vacuum, gravem, le-
nem, grossum et tenuem adnumerans; sunt denique tertii generis pulsus, qui ex eo omittuntur
quod uno alterove e 15 simplicibus jam com-
prehendantur, ut longus, latus, altus, his-
que contrarii: brevis, angustus, humilis
quorum tres priores simul sumti magnum, posteriores vero parvum constituunt. Singuli
vero tum per se adesse dicuntur, si alterutra
trium dimensionum, mediocritatem reliquarum

excedit, sic longus e. g. pulsus is est, qui lon-
gitudine tantum excellit; latus, qui latitudine
et sic porro. In quo autem aliae duae longi-
tudinem superant, is tumidus vocatur aut turgidus.

Inde igitur patet, pulsum magnum et parvum si cum simplicibus conferatur, composi-
tum; cum compositis vero collatum (quoniam
ex allatis 5 pulsuum simplicium generibus secum connexis oriri nequit) simplicem esse,
distensionis scilicet quantitate com-
prehensum. Sic etiam pulsus compositi numerum 17 specierum tabula supra commemorata ex-
hibitarum longe superant, quum longe major sit
numerus coniunctionis quinorum e quindecim pulsibus simplicibus. Nibilo tamen minus quaedam
barum sociationum, quae illi «compositio-
nes asystatae» dicuntur, consistere nequeunt,
«ut magnus et durus, qui rarissime connectun-
tur, maximus autem et durissimus nunquam.»

Pulsum in supra exscripta tabula postremum,
seu ordine sextum, i. e. qualitatem virtutis vehementem habens, reliquorum vero 4. momentorum ratione habita mediocrem; quadratum
adpellat seu εὔκρατον «eo quod in quadrato
corpore, id est, temperatissimo et optimae constitutionis reperiatur. Est vero hic pulsus norma et regula aliorum omnium: sicut et corpus
ipsum, quod est optimae constitutionis, est men-
sura aliorum omnium corporum apud medicos.
Ad id enim reliqua omnia corpora collata di-

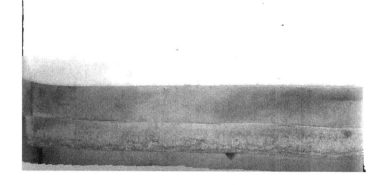

versas sortiuntur supra vel infra mediocritatem
appellationes.» (Cap. IV. p 11).

Quod ad pulsuum, ut ait, rationes adtinet,
aequalitatem imprimis et inaequalitatem statuit,
quarum alterutra vel absoluta illi est vel non
absoluta. Collatis enim secum pluribus pulsibus, si nullus eorum nec vehementia, nec magnitudine neque ullo pulsuum genere a reliquis
differt, omnino aequales erunt. — Si vero omnibus hisce momentis inter se discrepant, abso-
lute inaequales dicuntur; si uno alterove
genere discedunt, ab eodem, inaequalitatis nomen mutuant; ut e. g. magnitudine, celeritate,
et sic porro inaequales.

De altera agens pulsuum relatione, de ordine puta ejusque perturbatione, priorem aequali
pulsui per se adjunctum esse refert, hinc potius
ad distinguendas pulsuum inaequalium varietates
adhibendum. Alii enim in certa pulsationum
serie, eandem semper exhibent diversitatem,
atque ideo inaequales ordinati nuncupantur,
vel contra diversitatem suam praestant omnis le-
gis expertem et tum inordinatorum nomine
veniunt. Id quod exemplis nonnullis illustra-
tur Cap. VIII. p. 13. reperiendis: «Ut verbi
gratia sint octo pulsus continuo vehementes,
nonus sit debilis: si iterum post nonum sequan-
tur octo vehementes et nonus iterum debilis et
sic ordine deinceps alii, is pulsus est in uno
genere, vehementia scilicet inaequalis, sed or-
dinatus, quoniam servat eandem diversitatem :

post octenos enim pulsus vehementes, sequitur
continuo nonus debilis..... Quod si confunda-
tur iste pulsuum progressus, ita ut sint quidem
nonnulli magni et aliquis inter eos parvus, nunc
octavus, nunc sextus, nunc quartus: erit hic pulsus inaequalis et inordinatus.»

Idem pulsuum genus id sibi praeterea privum
habere censet, quod quum inter caeteros omnes
pulsus oppositos, quidam sint medii seu medio-
cres; inter aequales et inaequales nullus sit medius; id quod etiam de ordinato et inordinato
intelligitur, qui medio caret, nisi per circuitus
ordinatum ita nuncupare velimus, cujus tale profert exemplum: «Est vero hujusmodi pulsus,
quando quatuor, exempli gratia, magnitudine
continuo impares sint, quatuor alii seqnentes
proportione pares prioribus: ita ut quintus primo, sextus secundo, septimus tertio, octavus
quarto respondeat et aequetur.»

Rhythmorum in arteriarum motibus obser-
vandorum disquisitioni, 9um et 10am dicavit caput. — Alterum veterum de iis sententias exhibet, alterum Galeni doctrinam complectitur.
Rhythmus universe est medico nostro «eorum
quae in pulsu sunt temporum ad invicem proportio.» Quatuor vero statuuntur unius cujusque pulsus tempora. «Primum est tempus diastoles, id est, tempus quo distenditur arteria,
quilibet enim motus fit in tempore, ut ait Aristoteles.

Secundum est tempus systoles, idest, quo contrahitur arteria.

Tertium est tempus quietis superae.

Quartum tempus quietis inferae.

Superam quietem voco, quae est post distensionem, antequam incipiat contractio, necesse
est enim, inter duos motus contrarios, unius
corporis quietem esse mediam, ut perhibent Philosophi, infera autem quies est post contractionem, antequam incipiat distensio.» (7)

 Veterum de pulsuum numero opiniones, in
tres dividit classes. Alii enim medici contractionem percipi posse negantes, rationem inter diastoles tempus et illud intervalli — quo nomine
reliqua tria pulsus tempora i. e. quies supera
systole et quies infera comprehendebatur — rhythmum adpellabant. Alii vero, contractionem per-
cipientes, tempus diastoles cum illo systoles con-
ferebant et obtentam inde inter utrumque tempus rationem, rhythmum esse affirmabant. Alii
denique eodem nomine designabant rationem,
quae inter distensionem eique adjunctam quietem superam et contractionem cum adnexa ipsi
quiete infera intercedit. Ex hisce, clarisimos

(7) Medici recentiores nisi Dicrotum et Caprisantem pulsum exceperis, totam semper re-
 spiciunt pulsationem, unde istas pulsuum species,
 e diversa, quae inter unius cujusque pulsus tempora intercedit, ratione mutua oriundas utut
 nimis subtiles obsolevisse, sponte liquet,

alterius ordinis sectatores fuisse, refert, qua
de re eorum secundum rhythmos pulsuum divisionem proponit. Jam vero hi, rhythmum aequalem et inaequalem distinguebant. Ille tum adesse
dicebatur, si distensionis tempus illud contractionis haud excederet; si vero impar esset inter
utrumque momentum ratio, tum rhythmus inaequalis vocabatur.

Rhythmi aequales diverssisimi sunt, prout
brevibus vel longioribus constant temporibus,
dummodo ambo sint paria, id quod Struthius
Musices numeris, pedibusque metricis clarius
reddere conatur. Constat enim, nil ad aequalem
numerum referre, utrum producantur, an vero
corripiantur soni in arsi et thesi, dummodo pares sint. Id etiam in pedibus metricis Spondaeo
[— —] et Pyrrhichio [⌣ ⌣] videre licet. Rem
ultra prosequens medicus noster (Cap. IX. p. 19)
sic habet: «Ita puerorum, quorum exigua sunt
contractionis et distensionis tempora; juvenum
quorum sunt majora et senum quorum sunt maxima aequales sunt rhythmi proportiones sed diversae temporum quantitates.»

Si temperamentum, sexus vel aetas suam
rhythmi proportionem servaverit, eurhythmum
pulsum habere dicentur.

Si vero aetas quaedam, sexus etc. non suam
rhythmi rationem, sed alius aetatis mutuatur, pulsus ejus arrhytmus vocatur, quasi dicas sine
rhythmo; monet itaque auctor, ne quis falso
deceptus nomine aetatem quandam, sexum etc.

9

pulsum sine rhythmo habere existimet. «Sed
ut aphonum, id est, sine voce dicimus esse eum,
qui a propria descivit voce et malam nactus est,
non qui voce careat: ita arhythmus vicium est
nativi rhythmi non abolitio.»

Arrhytmus pulsus, nomen Pararhytbmi ob-
tinet, si non aetati suae, sed proximae respondet; si vero neque huic, sed cuidam ali proprius est, Heterorhythmi nomine venit; si nullius est aetatis Ecrhythmus dicitur, i. e. extra-
neus et inconveniens.

De inaequali rhythmo haec habet: «Ecrhythmus sive inaequalis rhythmus alius est cum manifesto et certo excessu, alius cum occulto et in-
certo. Si est cum manifesto excessu, id fit
aut cum proportione, quam musici multiplicem
appellant Graeci πολλαπλασιον, cujus species
sunt dupla, tripla, quadrupla et reliquae; aut
cum proportione quam superpartialem nominant,
Graece ἐπιμόριον quam etiam numeri ad numerum vocant: cujus species sunt hemiola, sesquitertia, sesquiquarta, sesquiquinta, sesquisexta
et aliae: ut exempli gratia: si quanta babet distensio duo tempora; tanta habeat contractio
quinque, vel septem, vel novem vel undecem.
Si enim quinque haberet tanta tempora contractio, quanta habet duo distensio, esset proportio sesquitertia; si septem, sesquiquarta, si
novem, sesquiquinta: si undecim, sesquisexta.
Occulto autem excessu fit trifariam; aut enim
tempus distensionis occultum est, aut contrac-

tionis ant utrunque. Occultum autem seu incertum tempus est, quod Graeci ἄῤῥητον vocant, quod est adeo diminutum, ut nulla nota
musica exprimi possit, non tamen ita diminutum, ut sit omnino indivisibile, quod Philosophi
nunc seu instans appellant: quin potius adeo
exiguum ad sensum, ut sit veluti primus numerus, ad quod alia aestimantes duorum, vel
trium, vel quatuor vel plurium esse possint......

Jam vero singillatim quodque tempus, contractionis scilicet et distensionis, occultum seu
incertum vel adauctum est aliquantulum vel diminutum, plus vel plurimum, sive unum sit in
distensione et unum in contractione, sive plura.»

De auctoribus, qui post interitum Herophili librorum, de Antiquorum rhythmis scripserunt, quorum doctrinam pulchram sane et ju-
cundam meditationem, philosopho tamen magis
quam medico aptam adpellat, Struthius noster,
refert, illos rem obscurissimam nullatenus di-
lucidasse prae ceteris vero Arabes Avicennam
et Averroém nec non Paulum Aeginetam vituperat, quem postremum finxisse potius, quam
scripsisse ea, quae de veterum rhythmis profert
commenta, existimat.

Faciliores longe Herophiliis, rhythmos Galeni putat, utilioresquoque ad cognoscenda plurima, quae in morbo scire expedit. Secundum
hunc rhythmus est «qualitatum motus distensionis et contractionis, ad invicem proportio.» Qualitates motus, (quod

supra jam vidimus) sunt: celeritas, tarditas, et inter utrasque mediocritas.

Distinguitur autem, Struthio adfirmante tempus motus, a motus qualitate eo, quod haec non e temporis spatio, sed e majorum minorumve locorum per motum commutatione cognoscatur. In idem ipsum discrimen, longe subtilius et fusius in libro secundo auctor noster inquirit. Rhythmus Galeni vel aequalis quoque est, vel inaequalis. Prioris tria statuuntur genera, prout contractionis et distensionis celeritas, mediocritas vel tarditas adest, sibique invicem respondet. Posterioris vero sex sunt species, quoniam tot formari possunt e tribus qualitatibus diversae, binae colligationes; quas auctor in tabella expositas legentium oculis subjicit, (Cap. X. p. 26) cujusque partem exempli gratia exscripsimus:

Contractio	Distensio.
Celeris	Moderata
Celeris	Tarda
Moderata	Celeris etc.

Tractatu de rhythmis absoluto, inaequalium pulsuum discrimina recenset, eaque medico pernecessaria esse declarat «nescio an ullae (pulsuum differentiae) sint» sunt verba ejus «quas tantopere scire referret»

Inprimis inaequalitatem systematicam seu congesticiam, quae in serie quadam pulsationum observatur et aliam, quae fit in singula, (unde singularis dicitur) distinguit.

Collecticia duas iterum complectitur species. Pulsus enim alii acqualiter fiunt inaequales, alii
vero inaequaliter. «Aequaliter, si primo pulsu
secundus sit paulo minor, et tanto tertius secundo, et quartus tanto etiam tertio, et pari
modo reliqui, donec ad plures ventum sit. Vocatur a medicis hujusmodi pulsus Latine decur-
tatus, Graece myurus, quasi dicas cauda muris:
Avicenna vocat caudam soricinam, eo quod ma-
gnitudini ejus detrahitur continuo, quemadmodum
caudae grossiciei magis ac magis, quanto longius protenditur.»

Pulsus myuri bifariam etiam dividuntur,
alii enim continuo diminuuntur donec plane de-
ficiant (myuri deficientes dicti), alii vero ces-
sant diminui, et vel perseverant in parvitate,
ad quam gradatim deciderunt (et hi nomine proprio non designantur) alii vero denuo augentur,
et tum myuri reciproci vocantur.

Inaequaliter inaequales pulsus sunt
illi, qui non pedetentim inaequales fiunt videlicet non servata aequali temporis interiecti men-
sura; hi secundum prima genera, i. e. magnitudinem, celeritatem etc. diversissimi sunt, et
plurimi anonymi i. e. nomine carentes. Nonnulli vero propria habent nomina; sunt vero: intermittens intercurrens, deficiens et deficiens reciprocus; qui Cap.
XI p. 30 ita definiuntur et describuntur «Intermittens est inaequalis propter raritatem: quia
deest pulsatio una vel duae vel tres.

Intercurrens autem inaequalis est crebritate: quia intercurrit tertia, veluti superva-
canea.

Deficiens est, quando motu arteria de-
stituitur, quemadmodum et in myuris deficienti-
bus fieri diximus: quae si iterum agitari incipiat vocatur deficiens reciprocus, qui affinis
est intermittenti; hoc tamen est discrimen, quia
deficiens reciprocus post longius fit temporis
intervallum, quo arteria immobilis permanet:
intermittens autem uno vel duobus vel tribus,
ad maximum quatuor pulsibus raro quinque ob-
missis alios repetit.

Latinum Pauli Aeginetae interpretem, et
qui enm secutus est, Leonardum Fuchsium,
falsam deficientis pulsus descriptionem pro-
tulisse, Avicennam vero pulsus plurimos myu-
ros cogitatione tantum effectos, sensu vero nullo modo percipiendos recensuisse, in 12⁰⁰ capite probat. Postremi medici subtilia discrimina
ideo inutilia esse putat, quod medici «quia artifices sunt circa pulsus sensuales non quos ratio colligit esse impares, eos vocare solent inaequales, sed quos manifeste sensu comperiunt
esse tales.»

Singularis inaequalitas, seu illa, quae in uno
fit pulsu, duas primas habet differentias; altera est
in una parte arteriae, altera in pluribus partibus, quas plures digiti attingunt. Prior tres
complectitur differentias: (C. XIII. p. 33)

«Prima est, quando motus fit intercisus, seu interruptus quiete interpellante: quae facit pulsus, quos vocant medici intermittentes in uno pulsu, Graeci διαλείποντας κατ᾽ ἕνα σφυγμὸν. Secunda, quando motus est continuus, nulla intercisus quiete, transiens a celeritate in tarditatem, aut contra: qui Graecis ανισοταχὺς Latinis impar citatus dicitur. Tertia est cum motu retrocedente et redeunte: quae facit pulsus, quos medici dicrotos, id est, bis pulsantes vocant.

Primae differentiae species sunt novem, quae ita inter se diversae sunt, prout prior motus ante quietem, et secundus post quietem variat.»

Novem istas species Struthius in tabella expositas, cujus hic pars exscripta est, in medium quoque profert:

Primus motus   Secundus motus
diastoles vel systoles.

1. C e l e r   T a r d u s
2. C e l e r   C e l e r inutilis
3. C e l e r   M o d e r a t u s etc.

Harum novem specierum, tres, quarum primus et secundus motus sibi respondent, ut e. g. illa numero 2. notata, ex eo inutiles dicuntur, quod nullam exhibeant inaequalitatem.

Differentia secunda, cujus pulsus impar citatus dicitur, duas gignit species. Nam motus continuus unius partis arteriae vel aequaliter et gradatim fit inaequalis, vel inaequaliter: quod ita intelligitur, ut jam supra de inaequalibus pulsibus collecticiis retulimus

Aequaliter inaequalis pulsus, cujus totidem ac prioris differentiae, excogitari possunt species, sex tantum medicus noster, sibi perspicuas, quas Galenus φαινομένας i. e. manifestas vocat, enumerat. Plurimas etiam species inaequaliter inaequalium singularium (quae dicantur) pulsuum recenset, quarum numerus differt, prout duo, tres vel quatuor, singuli cujusque pulsus tempora statuantur. Si quidem ex tribus diversis momentis (Celeritas, Tarditas et Mediocritas) longe major obtinebitur numerus colligationum quaternarum, quam ternarum; harum vero major erit multitudo, quam binarum. Postremarum enim novem tantum formari possunt species, similes iis, quas in tabula supra commemorata, et pro parte exscripta videre licet; quarum tres, quum sint aequales, inutiles vocantur. Viginti septem pulsuum species tum tabula complectitur, si tria considerentur motus tempora, harum nonnullas, ut clarior rei exhibeatur imago adtulisse juvabit:

Prima pars motus	Secunda	Tertia
1. Celer	Celer	Tardus
2. Celer	Celer	Celer (inutilis)
3. Celer	Celer	Moderatus
4. Celer	Tardus	Tardus
5. Celer	Tardus	Celer
6. Celer	Tardus	Moderatus etc.

Tota horum pulsuum series, 27 speciebus complexa tres continet inutiles, una, in exscripta

hujusce tabulae parte numero 2. notatur. Pulsus tandem dicrotus, qui tertiam sistit supe-
rioris pulsus singularis et quidem in
una parte arteriae differentiam ita dictae
ἀπὸ τοῦ δὶς κρούειν i. e. bis pulsare, tum adesse dicitur, si bis distenditur, pulsatque arteria,
exigua contractione inter alterutram distensionem interposita. Hocce similitudine ita illustrat: (C. XIII. p. 40) «Simile quiddam esset
in vulnerato homine, cui duo adversarii, duo
in femur vulnera punctim infligant: sed alter
sit, qui infixo ense in femur pungat primo, donec mucro os femoris adtingat: et modice re-
tracto ense, non exempto tamen, secundo pungat eo usque quo prius. Alter ensem infigat
femori et pungat non adeo profunde, sed medios tantum femoris musculos mucrone adtingat:
ac paucula mora interposita, ensem nihil retra-
hens, secundo pungat profundius, ad os usque
femoris. Uterque istorum bis feriendo percus-
sit, sed ille contrariis motibus est usus: pungebat enim bis et retrahebat; hic pungebat bis
citra ullam retractionem modice remoratus in
medio vulnere. Huic caprizantem et similes
alios intermittentes pulsus, illi dicrotum com-
pares.»

Dicroti pulsus in tres discedunt species:

«Prima cum nondum perfectam distensionem
seu completam contractio excipit, mox sequitur
distensio et ictus secundus. — Secunda cum ad perfectam distensionem succedit contractio, deinde

10

distensio secunda. Tertia, cum distensionem
quam primum fientem, contractionis motus con-
rarius retrahit ac impedit et debilior cum sit
ob impedimentnm permittitur reliquum implere
secundae distensioni.»

«Reprehendit quoque Galeni (et qui eum secuti sunt: Avicennae, Pauli Aeginetae, Aver-
rois) de dicroto pulsu sententiam affirmantis «dicrotum pulsum se habere instar geminorum ad
incudem mallei ictuum, quum ex magno intervallo prior incutitur, valideque pulsat: seondus
porro cum quasi resiliat ab incude malleus,
non ita multum, reciditque in eam non ita ut
antea valenter et brevi intervallo. Ex eodem genere sunt, inquit (Galenus) dicroti; nam arteria in occursu quasi repellitur, moxque redit, neque enim tum arteria contrahitur, sed quasi excu-
teretur decidit, cujus delepsum a primo distensionis termino, nulla dirimit manifesta quies.»

«Negat enim, arteriam ita repelli posse,
ut malleum ab incude; quin immo, concessa ait
ille arteriae et cuti tanta duritie, ictum sonus
necessario comitari deberet, id quod experientia
minime comprobari videtur.

«Notari meretur, quam anxio animo hanc
suam temeritatem, qua Galeni supremam fere illo
tempore auctoritatem adgredi ausus est, excusat:
«Scio quam male sim auditurus a plerisque
studiosis, quod Galeno et Avicennae et Paulo
Aeginetae et Averroi, ac plerisque aliis, qui
idem dogma a Galeno receperunt, contradicere

audeam sed facile ego me excusabo: nullius
enim juravi in verba magistri.— Avicennae equidem et Paulo Aeginetae plus vitio verto, quod
scripta Galeni hoc in loco cursim et sine judicio legerint, ac posteris quasi firma protulerint,
dignus enim est venia Galenus, quoniam resi-
puit hac in re et sui erroris (ipsis insciis) alio
in loco Palinodiam cecinit iis verbis.........(8)

(8) Ex allatis patet, pulsum, quem hodie Dicrotum nuncupare consuevimus, toto ut dicunt
coelo a vix descripto differre et ad Caprisantem veterum accedere; quo nomine hic et ille
medicorum hodiernorum comprehendebatur. Uterque enim, uti nunc res se habent, pulsationibus
constant, quarum unaquaeque bis digitos tangentes ferit; discrimen vero in eo positum est,
quod in dicroto ictus posterior; in caprisante
vero prior major sit et validior altero. Diversam
hanc eorundem nominum apud veteres et recentiores, significationem clarissimus et optime de
pulsuum doctrina meritus medicus Francogallus
Fouquetus primus notavit his verbis:

«La manière dont s'exerce le dicrotus dans les
observations modernes, c'est à dire, la circonstan-
ce d'une plus grande force ou élévation dans le
second ou dernier coup de la pulsation double
sur le précédent, établit la plus grande confor-
mité entre ce pouls et le Caprisans Dorohadi-
zon des Anciens. D'après cette remarque, il
semblerait naturel, que cette dernière dénomina-

Eodem prorsus, quo pulsus inaequales in una
parte arteriae distinguuntur, ii quoque, qui in
diversis arteriae partibus, pluribus percipiuntur
digitis tangentibus, dividuntur modo.

Primo itaque discedunt in eos, qui continuo motu fiunt, et in eos; qui intercise
seu per quietem interrupto. Prioribus
iterum alii, qui aequaliter, et alii, qui inaequaliter fiunt subjunguntur, quorum illi sex habent
species, hi vero modo novem, modo 27, modo 81,
quod, ita se quoque cum inaequalitate in una
parte arteriae habere supra jam vidimus, eo tantum discrimine, quod numeri diversitas non a
numero temporum singuli cujusque pulsus, sed
ab numero digitorum (prout nempe bini, terni
vel quaterni tangunt digiti) pendeat.

Qui vero interrupto motu fiunt quatuor edunt
species (C. XV. 47) «Prima» ait «differentia est,

tion pût être employée indifféremment avec celle
de dicrotus à designer la modification du pouls,
qui annonce ou qui accompagne les hémorrhagies
critiques du nez; si toutefois la denomination
de Caprisans ne mérite pas la preférence,
comme exprimant plus parfaitement le caractère
du pouls affecté à ces hemorrhagies, tel qu'il
est donné par les observateurs et qu'il se pré-
sente réellement dans l'observation. C'est une
question, que j'ose proposer à nos maîtres dans
l'art sphygmique et sur la quelle il convient
d'attendre leur decision.»

quando primus et tertius digitus motum sentiunt,
secundus autem non et quartus. Secunda, quando
primus, tertius et quartus, non sentit autem secundus. Tertia, quando primus, secundus et
quartus non autem tertius. Quarta, quando primus et quartus non autem secundus et tertius.
Prima et quarta novenas proferunt differentias,
similes illis quas intermittentes in uno pulsu
et una parte arteriae habere docuimus. Secunda autem et tertia vigenas septenas gignunt, similes illis, quas in superioribus tabulis depin-
ximus. Hic tantummodo eas oculis subjiciemus
in figura, causa memoriae. Numeri digitos significant: spatia vero inter lineas digitorum differentiam referunt, a tergo numeri, quot sint
cujuslibet differentiae species ostendunt.

Prima dif- ferentia	Digi- tus 1.	Digi- tus	Digi tus 3	Digi- tus	IX
Secunda	1.		3.	4.	XXVII
Tertia	1.	2.		4.	XXVII
Quarta	1.			4.	IX

Tanta vero pulsuum inaequalium multitudo
minime omnes jam comprehendit eorum species;
immo capite 16 edocemur, singulum quodque
pulsuum genus tot quoque pulsuum inaequalium
discrimina complecti, excepto nonnisi genere,
quod qualitas arteriae, et alio quod quantitas
distensionis nuncupatur, quorum alterutrum ea
inaequalitate, quae in una arteriae parte fit, prorsus caret; in eadem enim arteriae parte idem

pulsus nec mollis simul et durus, nec magnus et parvus fieri potest, contra vero, in diversis arteriae partibus; ubi pulsuum inaequalitas eodem prorsus modo, (ut supra jam monuimus) differre solet.

His innumeris fere inaequalitatum ordinibus, quos omnes simplices adpellat, unam praeterea adjungit speciem, quae in situ arteriae posita est, de qua haec habet: (C. XVII 50).

«Jam simplices omnes inaequalitates pulsuum absolveramus in omnibus quinque eorum primis generibus, dum nobis subit in animum, quod et apud Graecos et Arabes legimus et circa aegrotos jam per viginti annos, ita se habere, certo exploravimus: arteriae scilicet partes nonnunquam trahi sursum, nonnunquam deorsum, prorsum, retrorsum, dextrorsum, sinistrorsum, quod dum fit, efficiantur pulsus, quos Graeci τείνοντας, Latini tensos vocant, alii contortos. Multis aegritudinibus ut infra dicemus, communis est hujusmodi inaequalitas, ex situ arteriae enascens.»

E varia conjunctione simplicium (quae dicuntur) inaequalitatum oriuntur inaequalitates, quas complicatas Struthius nuncupat, seu mixtas seu compositas, nam «de nominibus» ait «equidem non contendimus.» Haecce itaque diversissimae sunt et nomine proprio carent exceptis nonnisi decem speciebus, quibus prisci medici nomina indiderunt, quarum accuratam exhibet nobis descriptionem sunt vero: Undosus, vermiculans, formicans, caprizans, serrans, spasmosus, vibratus, tremens, palpitans, hecticus, hisce strepentem quoque addit.

Et primum quidem pulsum Undosum, (graece *κυματώδης*) e duplici oriri inaequalitate existimat, e diversa scilicet diastoles magnitudine in diversis arteriae partibus et e crebritate diversa unde (C. XIX. p. 52) «non omnes simul partes moventur, sed initio pars ejus prima, mox secunda, deinde tertia, ab hac quarta, motu non interrupto, sed continuo, cui accedit aliquarum partium altitudo, aliarum humilitas instar undarum sese elevantium: sic quidem ut altera unda semper priorem excipiat, superne proficiscens usque ad finem arteriae, ad aegroti pollicem, atque inde nomen est sortitus undosi» (9).

(9) Clarissimus Medicus Hispanus Solano de Luque (n. 1685 obiit 1737) similiter pulsum descripsit sibi incidui nomine insignitum, cujusque ideo a Flemingio medico Anglo perperam primus putatur observator. Vide: Dissertation sur les découvertes de François Solano concernant les mo. difications du pouls etc. par Mr Milcolomb Fleming Docteur en Medecine» ubi haec habentur: «Enfin vient le pouls des crises par les sueurs, il paraît que Solano a été le premier qui l'ait observé. Ce pouls, qu'il appelle du nom assez étrange et à peine latin d'inciduus, et que Nihell désigne plus convenablement par un pouls

Idem pulsus undosns si p a r v u s fit simul
et tardus v e r m i c u l a n s adpellabitur Graecis
σκωληκίζων, qui gradu nonnisi a formicante Graecis μυρμηκίζων dicto, in quem nonnunquam abit,
differt; hicce enim tum adesse dicitur, si ita est
exilis et imbecillus, ut vix a medico, eoque exer-
citato tactu percipi possit.

C a p r i z a n s (δορκαδίζων) e genere est inter-
mittentium in uno pulsu, quorum novem esse species supra iam dictum est. Illae nempe duae species,
quae primum motum tardum aut moderatum, alterum vero celerem exhibent, si iisdem socia adjungatur vehementia secundi motus, major priore
C a p r i z a n t i s nomine veniunt. (De similitudine hujus pulsus cum dicroto medicorum recen-
tiorum supra jam dictum est).

S e r r a n s seu ἐμπρίων est pulsus inaequalis
in uno pulsu, in diversis arteriae partibus, cujus
quatuor ordines supra protulimus, sed si simul
durus est et tensus.

«qui s'élève avec inégalité, est celui dans lequel la
seconde pulsation est plus forte, que
la première, la seconde plus que la
troisième et ainsi en graduant jusqu' à
la quatrième; car le nombre de ces pulsations
graduées n'excède pas celui de quatre dans les
découvertes de Solano. Les sueurs sont annon-
cées par ce pouls devoir être plus abondantes,
en raison d'un plus grand nombre de pulsations
de ce caractère, et d'une plus grande et plus
forte élévation.»

Spasmosum sen Convulsivum pulsum duplex efficit inaequalitas, utraque vero ex mutato arteriae situ oriunda, quae vel sursum, et deorsum i· e· a pollice et ad pollicem tendi, vel in altum i. e. summam cutim versus efferri potest.

Similis eidem est vibratus, differunt vero ab invicem eo, quod major sit tensio sursum et deorsum convulsivo, minor vibrato; contra vero major eminentia in altum vibrato, minor convulsivo.

Tremens et palpitans pulsus ille dicitur, qui cum tremore vel palpitatione cordis, vel arteriarum, quos ut infra patebit motus a pulsu omnino diversos esse censet, conjungitur.

Pulsum hecticum eum dicit (C. XXV. p. 59) «qui constanter idem manet, nec novas per intervalla mutationes veluti accessiones facit, perpetua enim est in eo et perseverans arteriarum agitatio, cujuscunque speciei sit.»

Strepentem denique commemorat pulsum, quem, se ipsum saepius in aegroto animadvertisse, refert, ita dictus a sono, quem sub digitis edere videtur.

In ultimo libri primi capite nonnullas etiam pulsuum differentias a Galeno excogitatas tradit; quas tamen ipse inutiles putat propterea vero a scriptore nostro proferuntur «quod nemo, ut ait, quae illic latine dicuntur, potest intelligere, licet summo studio singula verba perpendat. Andreas porro Lacuna Gallus, in libro

11

quo scripta Galeni abbreviare conatus est, qui iam passim circumfertur, multa hoc loco necessaria omisit et quae erant apud Galenum coniuncta, separavit veluti scopas dissolutas et ex-Latinis non omnino bonis, pessima fecit.»

Hisce itaque perlustrandis, quum ipso Struthio referente, nimis subtilia et omni utilitate carentia exhibeant figmenta, facile supersedemus.

Liber secundus, ut jam monuimus, pulsus sensus ope dignoscere docet; quum in primo de iis tantum agatur, quos ratione colligimus. Utramque cognoscendi viam medico necessariam esse hisce verbis ostendit: (Lib. II. C. I. 70) «Exercenda vero simul est ratio et tactus in medico, ut non solum cogitatione discernere, sed etiam sensu experiri singulas pulsuum diffentias valeat.»

Experientiam vero debitam consequi, quatuor ex causis difficile et arduum putat:

«Prima est» inquit «quoniam longo tempore acquiritur: non enim se quisquam jactet, quod spacio aliquot mensium eam sit consecuturus: dintina et continua digitorum in adtrectando exercitatione opus est, non secus quam in arte citharhaedica, cujus initiatus difficultatem in edenda harmonia, notis musicis seu scripto sibi facit faciliorem: sonat enim facilius id, quod a praeceptore notatum et descriptum oculis intuetur ac effingere studet nec e memoria excidere permittit. Quod fit et apud Anatomicos, Astronomicos, Geometras, Cosmographos, Architectos, qui picturis

id quod docent commonstrare possunt. Undosum autem pulsum, vermiculantem, serrantem,
vibratum, caprizantem, ordinatum, inordinatum,
aequalem et inaequalem et alios omnes quomodo quis depinget? ac digitis adtrectandos, quo-
nam modo exhibebit, nisi in manu aegroti? Secunda causa, quoniam infinita est pulsuum multitudo, tam simplicium, quam compositorum,
ordinatorum, inordinatorum, rhythmorum aequalium, inaequalium, singularium, systematicorum,
qui tamen omnes tactu sunt disquirendi, cogno-
scendique. Porro quae pauca sunt facile: quae
vero plurima, aegre et difficulter assequimur.

Tertia, quae sensu cognoscuntur, quemadmodum soni auditu, colores visu, pulsus tactu
non omnia verbis exprimi, proinde nec per prae-
ceptorem tradi discipulis possunt.

Quarta: pauci extant scriptores, qui artem cognoscendorum pulsuum conscripserunt,
ex latinis et Arabibus nemo, ex Graecis solus
Galenus: qui quoniam sophistarum et cavillato-
rum errores exterminare non minus studuit in
suis libris, quam vera praecepta tradere, coac-
tus est multa obiter dicere, multa refellere,
multa non ex proposito adjicere, hoc pacto autem protraxit et obscuravit veram doctrinam.»

Has tamen difficultates labore assiduo vinci
posse, et re vera vincendas esse existimat eo
magis, quam ars ipsa sit cognitu jucunda et
utilis.

Omnia praecepta diagnostica quatuor principiis seu axiomatibus innituntur. Sunt vero haec:

Primum: Tactus non solum ictum arteriae, sed etiam distensionem manifeste percipit.

Secundum: Contractio arteriae sentiri potest.

Tertium: Finis contractionis et initium distensionis non sentitur.

Quartum: Externam quietem integram cognoscet, qui apte manum applicat; internam vero una cum partibus, quae non possunt sentiri utriusque motus.

Singulum quodque exemplis illustrat; quomodo vero tertium et quartum clarius reddere conatur, exscripsisse juvabit: Et primum quidem de tertio principio ita habet:

Constat etiam ex Anatome, quod natura instrumento, quod in omnem partem distendi oportet, arteriae scilicet, paraverit amplum spacium sive locum, aut si mavis dicere regionem in qua motum suum perficeret. Alioqui frustra natura vim motricem arteriis insevisset, nisi de loco seu spacio illis ad motionem apto providisset. Intellige autem illud spacium arteriae in carpo aut temporibus esse inter cutem et arteriam, quod in macilentis aëre repletum est, vaporibus et humoribus, in crassis vero etiam carne et adipe.

Quum igitur mótus distensionis primum fiat in spacio illo naturali, deinde in carne, adipe et cute adnata, postremo in carne digitorum medici, quam ingreditur arteria; constat nos eam tantum motum sentire, qui ascendit in carnem digitorum nostrorum: illum vero nequaquam, qui fit in spacio naturali, carne et adipe adnata. Quod si fortiter applices digitos, ut spacium arteriae naturale constringas et destruas, quod non tolerant nisi vehementes pulsus: carnem tamen et adipem ad quam arteria ascendit et quae locum dat distensioni, auferre non poteris. Palam est igitur, distensionis initium propterea sentiri non posse, quod spacium in quo fit, tactum nostrum subterfugiat. Quod si ita est, neque finem contractionis sensu percipiemus: quoniam in quo spacio est initium distensionis, in eodem est finis contractionis.» (C. II. p. 78).

Ex his quartum quoque axioma sponte intelligitur. — Interna enim quies a contractione finiente et incipiente distensione propterea discerni haud poterit, quod ipsam quietem, tum tantum adesse colligimus, si motus abest. Motus vero sensu non percipiendus, quem nobis distensionis initium et finis contractionis, ut vix comperimus, exhibent quietem simulat, adparentem quidem, a vera tamen nullo modo distinguendam.

Contra vero, quies externa apta manus contrectatione dignoscitur, quia contractionis initium

distensionis vero finis, quibus ista interponitur
tactus sensum non fugiunt.

Triplicem dein commendat pulsuum con-
trectationem comprimentem scilicet, sus-
pensam seu palpantem, si summam tantum
arteriam digitis leniter attingimus, quin ipsa
prematur, et inter alterutram mediam, qua arteria digitis tangentibus paululum nonnisi pre-
mitur.

Situs quoque, in quo manus aegroti versatur, aliorumque bene multorum momentorum
rationem habendam esse jure praecipit.— «Oportet enim medicum» ait (C. III. 81) «manum aegroti nunc supinam tangere, nunc pronam, nunc in
latus erectam vertendo manum et invertendo.
Sit porro manus aegroti libera ab omnibus vo-
luntariis motibus et soluta, quam medicus sini-
stra sua manu modice sublatam sustentet. Nam
si aegrotus viribus suis manum sustentabit; ac-
cidet subinde ut tremat: hoc pacto autem varia-
bitur pulsus. Digitos vero suos aegrotus nec
flectat multum, nec distendat, sed naturali forma retineat: naturalis autem forma est, dum nec
in pugnum nimis contrahuntur, nec in palmam
nimis distenduntur, sed modice manent inflexi,
ut videre est in somno hominum sanorum.»

Tandem digitorum (utpote qui tactus acu-
tissima sunt instrumenta) culturam medico haud
esse negligendam, monet; alias enim, si opificio
quodam, digiti obducti fuerint ait: «sic medicus
ejuscemodi laboriosus judicabit de pulsibus, sicut coecus de coloribus.»

His expositis, Struthius methodum tironi
medico tradit, quam in addiscenda difficilli hac
arte sequi, viamque qua in ipsa ejus exercitatione progredi oportet monstrat.

Et quidem sanorum, robustorum hominum
pulsus inprimis tangere suadet, cavendo tamen,
ne id fiat tempore, quo appulsus quidam exter-
ni arteriae motum naturalem perturbaverint.

«Hoc autem fiet» inquit «si non longo ocio
antea corpus torpuerit, nec recens sit exercitatum, nec diu jejunaverit, nec modo comederit:
aër praeterea temperatus sit, ipse denique homo
liber ab omnibus animi affectibus, mente tran-
quilla, aetate juvenili »

Talium hominum pulsus, qui per omnia genera moderatus esse solet, norma sit et men-
sura aliorum, cui dein assidua exercitatione probe cognito, memoriaeque infixo reliqui omnes
quum sanorum, tum aegrotorum pulsus sunt
conferendi.

Invitat etiam et excitat medicos, ut proprium
et naturalem cuivis homini sano pulsum, occasione favente, cognoscere haud negligant; ne,
si forte isti valetudine adversa conflictati fuerint,
id quod alicui naturale est; morbo tribuatur,
medicumque ad falsa judicia ferenda, seducat.
Quod si de perpaucis tantum aegrotis, quemnam,
dum sani fuerant, offerrent pulsum, noscere possumus; illos saltem, qui cuidam sexui, aetati,
constitutioni aliisque id genus conditionibus con-
venire solent, scire est necesse. Rarius tum

medicus decipietur, nisi quod perraro contingit
monstrum, ut ejus utar voce, adsit seu peculiaris a norma deflexio.

Rem hanc jucunda enarratione similiumi,
fallacium sibique in exercenda arte salutari obviorum exemplorum confirmat. Quam ideo exscribendam curavimus:

«Quum Patavii artem medicam, stipendio Senatus Veneti publice profiterer, forte
incidit in febrem Joannes Starchovius, ex flava bile continuam, ad quem frequens fuit civium et scholarium hominum concursus erat
enim vir nobilis et insignis, de multis optime meritus. Ejus arterias cum attingeret medicus quidam, reperit hominem asphyctum id est
pulsibus carentem: quare territus vehementer,
coepit male polliceri de salute aegroti existimabat enim, concidisse vires ejus vitales, ob malignam et pestilentem morbi affectionem. Veni
et ego, ut inviserem hominem a medico jam morti
destinatum: qui ut me aspexit, illico exporrecta
manu jubet attingere pulsum suum. Ego vero,
quia antea usus eram homine aliquot annos familiariter, noveram arterias ipsius exteriores,
profundissime a natura immersas fuisse, et multa
carne et adipe vestitas, ac propterea insensibiles semper extitisse praecepi urinas mihi commonstrari, priusquam pulsum adtingerem. Dum
vero signa coctionis manifesta conspexi in urinis (erat autem quarta dies aegritudinis) applicui carpo ipsius digitos meos, quasi pulsum

adtrectaturus et paululum subridens dixi: Bono
esto animo, breve enim tempus aegro-
tabis. At ille: Scio equidem, hoc quod
dicis, quid sibi velit: nam brevi tempore ex hac misera Aegypto ad coelum
commigrabo. Quid ita? dixi ego. Respon-
dit: Ita praedicit Medicus. Ego vero respondi: Die crastina, dum hic una ade-
rimus, meliora tibi vaticinabitur. Po-
stero die cum stata hora convenissemus, edis-
serui candide medico illi, arterias hominis istius
aegroti, natura semper fuisse occultas, meque
in integra ejus valetudine id certo exploravisse,
quod dum ipse ex me audiret, mutavit sententiam, coepitque meliora sperare, seposita febris venenosae suspicione. Tandem communi
nostra opera et consilio, die septima superis
faventibus, aeger noster morbo est solutus.
   Reperi et Budae in Ungaria, dum essem
apud reginam Isabellam, militem quendam sti-
pendiarium, natione Italum, cui semper deficiens
erat pulsus sine ulla reciprocatione: quod ipsi
non natura obtigerat, sed ex vulneribus, dissec-
tae enim in utraque manu illi iam olim fuerant
arteriae, quorum cicatrices supererant in medio
cubito, a me non conspectae, donec ipsemet
de illis me certiorem reddidit verbis suis, dum
me adtrectantem carpum suum, videret pensita-
re nonnihil et haerere super sua aegritudine.
Erat Posnaniae apud Andream comitem de Gor-

12

ca virum inter omnes regni Poloniae proceres
primarium Shascus quidam histrio, demens a
natura, cui ad pulsum, omnium generum inaequalitates semper aderant, quantumvis sanus
esset. Et cum interrogaret me quodam tempore comes herus ipsius, quid censerem de pulsu
Shasconis, quem me adtingere tum videbat:
respondi, Talis est ipsius pulsus, quale et ingenium.

Fuit etiam Posnaniae vir provectae iam aetatis, Jacobus Brosovius, de ordine Crucifero-
rum beatae Virginis qui intermittentem semper
gestavit pulsum, quoad vixit.

Novi et Petrum Conarium, virum nobilem
in Polonia, qui in altera manu pulsum semper
habuit tensum: nimirum tumor tophaceus sub
arteria illi ad os cubiti adcreverat, qui vasa ten-
debat.

Dum essem apud imperatorem Thurcarum
Soltanum Suleimanum Sachum, comperi militem quendam Thurcicum, in acuta febri dicrotum semper obtinuise pulsum: qui post elapsam
aegritudinem nihilo fuit immutatus, cum certis
vere convalescentis corporis indiciis: unde con-
jecturam accepi, natura insitum fuisse ipsi hujusmodi pulsum.» (Lib. II. C. IV. p. 85).

Jure adhortatur medicos, ut si quando in
aegroto curando, quem antea haud cognoverant
pulsus malos immo horrendos repererint, caeteris morbi phaenomenis leve tantum incommodum indicantibus, aegrotum hunc a natura tali

pulsu praeditum esse, periculoque vacare, perspiciant.

Generalibus his praeceptis praemissis, ad dignoscenda pulsuum genera et species accedit, eidem adhaerens divisioui, quam primo libro exposuerat. Et primum quidem de distinctione illius pulsuum generis agit, cui pulsus **magnus**, **mediocris** et **parvus** accensentur. Probe illam vasis seu arteriae, a propria pulsus magnitudine et parvitate distinguit, quam postremam jure, majori vel minori vasis distensioni tribuit. Arteriam enim, etsi amplam, non ideo distendi opportere credit, quin immo, et laxa esse potest et subinde revera talis est. Sic (C. V. 90) «Magnae» inquit «senum arteriae aliquando parum distenduntur et tum dicitur parvus eorum pulsus: aliquando puerorum arteriae nimium distenduntur et tum dicetur proprie magnus eorum pulsus. Ac revera major est semper pulsus puerorum, quam senum: licet senes multo majores habeant arterias.»

Ad dignoscendum illud pulsunm genus, quod apud Struthium Quantitatis distensionis nomine venit, omnes, quibus constat, dimensiones indagare suadet. Longitudo nempe pulsus, suspensa manus pronae adtrectatione, latitudo et altitudo media vel comprimente, nisi languidus sit pulsus, nec vel minimam ferens pressionem, investigetur. Monet quoque ut latitudinem in gestu manus prono, altitudinem vero in supino perquiramus.

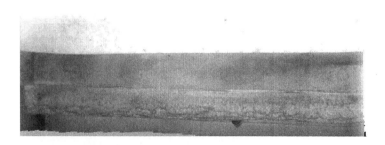

Obtenta hoc modo pulsus magnitudo vel
parvitas cum magnitudine vel parvitate pulsus
quadrati comparetur; si hanc excesserit, magnum, si contra, parvum pulsum habituram
censet. Sed hac comparatione tum tantum uti
nos jubet, ubi de cognoscendo sanorum pulsu
agitur. In aegrotis vero pulsum, quem exhibent, cum illo, quem sani obtulerant, con-
ferendum censet. Hoc tamen modo longitudi-
nem tantum pulsus certo, minime vero etiam
latitudinem et altitudinem (quarum investigatio-
nem vehemens tantum, non vero languidus fert
pulsus) erui posse ipsemet perspicit. Qua re
duas adhuc nimis subtiles quidem, argutas tamen indicat vias, quarum ope latitudo et altitudo pulsuum vel ex arteriae figura vel ex motus ejus celeritate colligi possit. En propria
ejus verba: (C. V. p. 94. 95).

»Figura autem arteriae teres est et rotunda
fere semper, quam Graeci κύκλον τῆς διαστολῆς i. e.
circulum distensionis nuncupant: eo quod circuli
circumferentiam repraesentat. Contingit tamen
interdum arteriae figuram esse, acuminatam, veluti verticem trianguli, quam veteres Graeci soliti erant vocare γωνίωσιν id est angulum, quae
perdit circuli superficiem qualis fit nonnunquam, a natura, quod ita conformata sit arteria,
nonnunquam a morbo, ut initio gravium accessionum in febribus cum frigore invaden-
tium: non in iis tamen omnibus vel solis, ut
quis putaret. Reperitur etiam iis duabus dissi-

milis arteriae figura, quam Graeci πήλιον vocant: Latine depressam vel planam recte dixe-
ris, veluti si excogitares circulum exquisite ro-
tundum in medio paulatim depressum. Quod
si has tres arteriae figuras characteribus expri-
mere velis, isti erunt: circularis ⌢, angularis ∧
depressa ⌒.

«Circulus igitur distensionis si multis partibus tactui se offerrat, altam et latam signifi-
cat pulsus distensionem: si vero paucis se of
ferrat partibus humilem et angustam.»

Paulo infra haecce de eadem re leguntur:
«Angularis figura arteriae ∧ si multum se ex-
tulerit ad tactum, altum et angustum indicat pulsum, si vero emineat parum, humilem et angustum. Depressa arteriae figura ⌒ latum et humilem indicat pulsum.»

Altera methodus consistit in eo, ut longiori
vel breviori temporis spatio, motusque celeritate vel tarditate quibus integra eget distensio,
ambitus pulsus conjectura obtineatur. «Si enim»
ait ille «tempus distensionis sit diutinum et motus celer, constat magnum esse pulsum. Contra si tempus sit momentaneum, seu exiguum,
motus tardus, palam erit spacium esse parvum
et pulsum humilem.»

Secundum pulsuum genus ut percipiatur,
praeter vix prolata momenta, et id respici opportet, utrum pulsus sub digitis tangentibus
cito vel lente certum quoddam loci spatium percurrat, comparatione dein, de qua supra jam di-

ctum est, adhibita, pulsum, qui citius quam
eucratus distensionem, caetroroquin parem, pe-
regerit Celerem, qui eodem temporis spatio
eandem absolverit moderatum, qui vero minori tardum nuncupabimus

Crebritatem et raritatem pulsuum suspensa
manus contrectactio optime discernit. Hocce enim
modo optime, quies externa diutinane sit vel
brevis erui potest.

«Si arteriae tunica moratur in ultimo loco
(in quem distensione ingressa est, antequam contractionem incipiat) diutius quam pulsus quadra-
tus aut naturalis, dices rarum pulsum, secundum externam quietem: si vero brevius moratur dices crebrum.» (C VII. p. 102).

Comprimente vero manu, ubi de eruenda
interna quiete, (quam solam et veram nullo modo percipi posse, supra jam vidimus) agitur, suadet nobis uti, rem ita exponens:

«Hoc autem quod diximus, raritatem et crebritatem inferam dignosci applicatione comprimente, ita accipias velim, ut tantum scilicet
comprimas, quantum per pulsus praesentem ve-
hementiam licet: tactu scilicet prosequendo con-
trectationem, quoad possis, ut scias ubi deseratur.

Et si diutius deseritur tactus quam in moderatis vel naturalibus pulsibus rarum: si vero
brevius, crebrum pulsum esse pronunciabis secundum inferam videlicet, quietem.

Jam ex iis quae diximus, facile est intelligere et hoc, quod, in debilibus pulsibus, qui

comprimentem applicationem ferre non possunt, tota contractio apparet esse quies infera, una cum majori parte distensionis et vera quiete infera.» (C. V. p. 104).

Vehementes et languidos pulsus, quorum illis robustorum, fortium, validorum nomina, his vero debilium, remissorum resolutorum et imbecillium competunt, vis, qua prementibus digitis renituntur, vel contra ab iisdem vincuntur palam facit.

Discipulorum attentionem ad id etiam convertit, quod ille pulsus, quem corpus optimae constitutionis, exhibet non medius sit, sed vehemens; vehementiae enim tres statuit gradus, quorum summus, designat morbosum illius augmentum, quale (ait) «in ira, exercitiis, vini potionibus et crisibus» deprehenditur; moderatus eum, qui in temperatissimo est corpore, et tandem hoc minus vehemens, cujus magna est inter homines varietas.

Nihilominus tamen omnes hae tres varietates vehementibus pulsibus sunt accensendae, pressioni enim plus minusve renituntur, quum mediocris pressionem nec vincat, nec ab illa vincatur, languidus vero penitus a prementi digito superetur. Differt autem vehemens ab aliis similibus ut magno, tenso, duro eo, quod eidem soli tantum proprium sit, comprimentibus digitis reniti, hisce idem quidem, sed quum suspensa tangantur manu, praestantibus.

Quinti tandem pulsus generis, durum, mediocrem et mollem complectentis, quos ab
arteriarum fabrica pendere existimat, eo digno-
scuntur, quod tangentes digitos vel premant,
vel contra, facile iisdem cedant.

Acute duritiem a vehementia (cujus unum
discrimen attulimus) hoc etiam exemplo distinguit (C. IX. p. 110).

«Id quod experiri licet non solum in ani-
mato sed etiam inanimi corpore. Leones enim
et tauri vehementia animalia propterea sunt et
dicuntur, quia magnas moles evertunt. Sic et
decursus fluviorum et flatus ventorum vehementes sunt: quoniam resistere eis est difficile, et
attollunt nos et evertunt. At lapides, aes, fer-
rum dura sunt, quae dum tactui adponuntur pre-
munt: et post se vestigium, quod est pressionis
signum, relinquunt, nam caviorem reddunt partem nostri corporis et nonnunquam lividam. Ven-
ti vero fluvij, quoniam molles sunt, facile cir-
cum corpus diffunduntur et circumfluunt: detur-
bant nos saepe et evertunt citra vestigium et
cavationem quae ex pressione nasci solet.»

His praeceptis, quibus medicos ad simplices hosce quindecim pulsus cognoscendos uti
jubet, traditis, probare dein conatur, reliquos,
qui exstant pulsus simplices, quo plenus et
vacuus, grossus et tenuis, gravis et
levis pertinent, tactus ope percipi non posse.

«Tres autem» ait «causae sunt cur sensu
tactus plenus et vacuus pulsus cognosci non potest.

Prima, quoniam tunica arteriae admodum grossa est, ut quae sextuplo sit auctior perito· naeo.

Secunda, quoniam cutis eam tegit etiam grossa.

Tertia, motus arteriae perpetuus, qui perturbat et obscurat omnem contentorum in ea notitiam.»

Avicennam, qui contrariae est opinionis contendentem pulsum plenum ita sentiri, ut tumor quidam, in pus versus hisce invehit verbis:

«At heus bone vir, si in hydrope humorne sit an flatus, qui in concavo ventris continetur, tactu percipere non possumus, nisi cutem violento pressu cavemus, quae nec semper cavari potest, ut in syncera ascite et tympanite videre est: sed ad veram notitiam comparandam, pulsare seu tundere cogimur abdomen, ut adtendamus, num veluti tympanum resonet. Deinde diversimode componimus hominem et in latera convertimus, ut fluctuationem aliquam exaudiamus. Et sonitus quidem in modum tympani, flatum annunciat nobis: fluctuatio vero humorem. Tactu vero solo deprehendere non possumus, aërne sit in distento abdomine, an aqua: quamvis cutis et caro ad peritoneum contabescit ac etiam circumiectae partes extenuatae sint, copiosaque adsit quae continetur materia. Tanto minus id quod in arteriae cavitate continetur, tactu dignoscemus: quum tunicam ejus compres-

13

sione cavare nequeamus, sonitum nullum per-
cipiamus, fluctuationem nullam.»

Ad compositos vero quod adtinet pulsus,
hi, ut e simplicium connexione oriantur, ita etiam
ad eosdem tactu discernendos, eadem, quae ad
simplices cognoscendos commendantur praecepta.

Quo facilius vero magna illorum multitudo
memoria comprehendi queat, artificiosum (Capite XI) hunc in finem adhibere suadet consilium.

Praecipit enim, ut quinque digiti quinque pulsuum genera nobis repraesentent; terni vero cujusvis digiti articuli (10) tres cujusvis generis
species ob oculos nobis ponant; id quod manus
imagine adjuncta clarius redditur; quam et nos
ideo adjicimus (Vide F. 1). Omnibus quindecim
pulsibus simplicibus, hoc modo animo concep-
tis, si superos dein omnium digitorum fines iisque
(ut ita dicam) adfixos pulsus simul conjungemus,
p r i m a m pulsuum compositorum habebimus speciem; si medios omnes, s e c u n d a m; si infe-
ros omnes, t e r t i a m. Dein primus superus cum
quatuor mediis vel inferis copulatus q u a r t a m et
q u i n t a m exhibebit compositorum pulsuum speciem; et sic porro, e diversissima quinorum pulsuum conjunctione, diversissimos quoque obtine-
bimus pulsus compositos. Contendit etiam, medicum exercitatum et molli tactu praeditum diversos
simplicium pulsuum gradus animadvertere, ita ut

(10) Pollicem duobus tantum articulis constare, videtur non observasse

non tantum magnum sed et majorem et maximum; non tantum celerem sed et celeriorem, et celerrimum sensu distinguere queat. Oblata sibi hac occasione ad id etiam legentium animum advertit; medicos antiquos gradu comparativo saepenumero usos fuisse ad denotandos pulsus moderatis propiores, inferiores tamen iis, quos positivo gradu denominare solent, ita ut major, pulsum denotet, qui magnum nondum, sit assecutus, moderatum tamen excedat.

De dignoscendis reliquis omnibus pulsuum inaequalium speciebus, quarum plurimas (praecipue si languidi sint) tactus aciem effugere declarat, nil refert, quod non jam ubi de cognitione pulsuum simplicium agebatur, esset dictum, ea tantum commonitione adjecta, ut alternatim diversi tentantur modi; in indaganda vero ea inaequalitate, quae congestitia appellatur, duae observentur regulae sequentes. (C. XIII. 124).

«Prima: submovendi sunt interdum omnes digiti: deinde parvo interposito temporis intervallo, denuo admovendi, idque aliquoties faciendum.

Secunda: ita debemus partem componere, quamcunque tangamus, ut nostri digiti sint subter arteria, figura vero manus aegroti sit prona: hoc pacto enim a digitis et cute quam minime gravatur arteria, cui et cutis solet esse oneri saepius, nedum digiti nostri, ut antea docuimus. Equidem non raro, cum admoverem superne digitos arteriae, nullus motus ob exi-

guitatem animadvertebatur, dum vero inverti ma-
nuin aegroti, ut arteria super digitis subjectis
leviuscule jaceret, tum statim percipiebatur.»

Liber tertius et quartus, ut monnimus, causis pulsuum indagandis sunt destinati. Has scriptor noster in primarias et secundarias
dividit.

Primariae, quae Synecticae quoque i. e.
continentes vocantur, sunt illae, quae ad pulsum
quemcunque efficiendum omnino sunt necessariae, quarum a norma recessus pulsum quoque
necessario et proxime immutat, sunt vero tres:
facultas, instrumentum et usus. Unaquaeque iterum multifariam dispescitur. Facultas enim vel robusta est vel imbecilla.
Instrumentum seu arteria aut mollis,
aut mediocris aut dura. Usus vero, qui
idem est, quod causa finalis, quam supra jam
commemoravimus, vel est auctus, vel mediocris, vel diminutus.

Secundariae causae «quae non genera-
tionis, sed mutationis seu alterationis jam genito-
rum pulsuum causae sunt,» trifariam dividundur
in naturales nempe, non naturales seu me-
dias seu indifferentes et contra naturam.
Priores complectuntur: temperamenta, sexus,
aetates. Non naturalibus accensentur: Aër — somnus — Vigilia — Exercitatio — Cibi —
Potus — Animi motus et Excretiones.
Causae vero contra naturam sunt: Causae
morbi, Morbus ipse et Symptoma. Cau-

sarum primariarum seu synecticarum aliquae alios
proprios sibi habent pulsus, et familiares alios,
aliquae vero familiares tantum, propriis vero
prorsus carent

Sunt vero pulsus proprii seu insepa-
rabiles ii ·qui ab una semper et eadem causa proficiscuntur synectica: familiares vero, qui
a pluribus causis synecticis enascuntur duabus
vel tribus· vel ab una tantum, non tamen perpe-
tuo. Sic facultas robusta proprium sibi habet
pulsum vehementem, familiares vero magnum, celerem, rarum. Facultas vero imbecilla proprium edit pulsum languidum, familiares vero eidem sunt parvus, tardus,
creber.

Instrumento molli proprius pulsus est mollis, familiares vero magnus, celer et rarus.
Duro e contra instrumento durus competit pulsus proprius, familiares vero parvus, tardus
et creber.— Usus auctus seu caloris augmentum et spirituum vitalium inopia familiarem tantummodo habet pulsum magnum, cui aliquando
adjungitur celer, aliquando vero ad utrumque
creber accedit. Contrarii vero pulsus Usui
diminuto sunt familiares. Res haec ita intel-
ligatur opportet, ut, si quando tantum fuerit usus
augmentum seu caloris in corpore accumulatio,
ut illud magno pulsu tolli nequeat, magnitudinem tum pulsuum celeritas adjuvet, quae si nimio calori temperando necdum par esset, natura eundem finem crebritate in usum vocata
assequi conetur.

«Tres enim» ait scriptor noster (L. III. C.
II. p. 131) «sunt hi modi quaerendae opia,
ingruente necessitate (exempli gratia calore)
quorum unus adhibetur, dum caloris in corpore
multum est: duo, dum plus est caloris: tres
dum plurimum.»

Usu decrescente contrarius fit recessus pulsuum familiarium, et quidem ordine inverso ita,
ut prima omnium in conspectum veniat raritas,
deinde adjungatur tarditas ac tandem socia senae
adnectat parvitas.

Ordine dein, pulsuum species recenset, quas
diversa binarum causarum primariarum conjunctio efficit, dein illas, quae e societate ternarum
oriuntur. Hae differunt prouti ambae vel ternae
causae simili vel a se invicem aliena praedita
sint efficacia, et prout major reliquis vel minor
sit alterutrius, intensio.— Haec omnia figuris
dilucidantur, quarum unam exempli causa lectori
exhibemus, quae pulsus e duarum causarum synecticarum Facultate scilicet et Usu diversi
modo secum conjunctarum enatos ob oculos
nobis ponit, (Vid. F. 2) missis reliquis, quae
facile eundem in modum componi et imaginari
possunt; omnibus tandem ita recensitis et similibus tabellis illustratis, quatuor adjungit leges
seu (ut ipse appellat) regulas sequentes (C.V.139).

Prima regula.

Duricies instrumenti plus repugnat magni-
tudini quam celeritati: quia membranae arteriae,

seu tunicae, quamvis duriores sint, facile tamen
cedunt loco et celeriter cientur, ad magnitudinem vero distensionis sunt ineptae, quo enim
magna fiat distensio, necesse est in omnem partem seu dimensionem, extendi arteriam. Palam
autem est, quod dura corpora difficulter exten-
duntur.

Secunda

Tanta est societas et communio omnium causarum synecticarum, quod singulae modicos recessus a natura, sive errores satis diu ferant,
citra offendiculum aliarum: at extremos et im-
modicos nulla fert, quin noxam suam communi-
cet aliis. Simile quiddam est et inter tria prin-
cipalia hominis viscera, cerebrum, cor et hepar
quae privatim offendi possunt aliquousque.— Sed
si immodice offendantur, compatiuntur universa.
Propterea in iis causarum conjugationibus, dum
recedunt a natura, nunquam fecimus mentionem
summorum excessuum, sed magnorum vel mo-
dicorum: quoniam maximi non duas, sed omnes
tres causas immutant, de quibus postea dicetur.

Tertia.

Ad efficiendam parvitatem pulsus nulla est
efficacior causa, quam facultatis imbecillitas.

Quarta.

Crebritas nunquam accerseretur, si neces-
sitati per magnitudinem vel celeritatem vel utramque satisfieret.»

Monet praeterea in aestimandis pulsuum causis plus vi, quam multitudini causarum tribuen-
dum, illamque, quae maxime a natura recessit,
efficacissimam esse habendam.

Non omnes tamen pulsus simplices his uni-
ce causis primariis originem suam debent; immo
exstant nonnulli, quo pulsus altus, humilis, angustus, longus, brevis, gracilis, turgidus referuntur, qui ut oriantur aliarum adhuc praeter
synecticas, egent causarum actione, quas ipse
Concausas vocat. (C. V. p. 147). «Voco autem Concausas» ait «quae non faciunt nec constituunt effectum, sed sine illis tamen effectus
non fit.»

Harum quinque adferuntur genera scilicet:
Crassitudo corporis, gracilitas, locus
circa arteriam, gravitas superjacen-
tium et formationis proprietas. Sic,
ut exemplo res illustretur, alti pulsus causa facultas est robusta et usus auctus: concausae vero crassicies corporis mediocris et locus circa
arteriam strictus. Nam pulsus, qui ob causas
suas primarias magnus esse deberet, arteriam,
quae ob locum angustum per omnes distendi
partes nequit, ut cutim versus, quae minimam
ei ponit repugnantiam elevetur, pulsumque ideo
altum reddat, cogit.

Rhythmi aequalis causae ex aequali distensionis arteriae et contractionis ejusdem necessitate deducuntur. Distensione autem frigidum
aërem adtrahi, caloremque nimium temperari,

contractione vero materias excrementicias vapo-
ris forma expelli, supra jam cognovimus. Hanc
ob rem, ubi moderata erit utriusque motus necessitas; rhythmus erit aequalis, moderatus; si
utriusque auctus erit usus seu si calor naturalis aeque abundaverit, fumosaque excrementa
omnia copia sese efformaverint, rhythmum aequalem quidem, sed celerem habebis; usu denique
pariter diminuto aequalis erit et tardus.

Si vero distensionis necessitas, contractionis
necessitatem, vel contra haec illam superavit,
inaequalis inde numerus provocabitur.

Quod ad inaequalitatem pulsuum, quae dicitur, systematicam adtinet; primariae hujus causae statuuntur vel instrumentum laesum; seu
ineptum; vel facultas imbecilla, vel utrumque,
nunquam vero usus a recto tramite deflexio. Fieri
enim non posse contendit (C. IX. 154) «ut ita subito usus seu necessitas varietur, quam subito
inaequalitas pulsuum tactu percipitur et sive cre-
scat calor, sive descrescat, sive augeatur spiritus
animalis, sive diminuatur, propterea tamen prior
pulsus nunquam fuerit magnus, celer, vehemens:
alter vero statim parvus, tardus, languidus »

Instrumentum (ut ait) triplici modo laeditur; compressione nempe, obstructione (opila-
tione) et repletione. Quomodo hoce fiat ita
nobis explicat: (C. IX. 154).

«Compressio autem seu adstrictio fit, dum
loca in quibus moventur arteriae (de quibus secundo libro dictum est) occupaant humores, dif-

14

fusi quos ut molestos, facultas studet vehementibus et magnis ac celeribus motibus, propelle-
re: propellitque dum potest de loco in locum,
de parte nobiliore ad ignobiliorem, aut ex igno-
biliore, ad nobiliorem, si non dominatur illis
facultas, quae parvis, tardis, languidis motibus,
vice priorum utitur et nunc iis, nunc illis tan-
tisper donec vel meatum aliquem reperiant, per
quem foras effluant: vel processu temporis sub-
tilientur, adtenuentur et in halitum resolvantur:
vel hominem perimant, prostrata virtute; fit etiam
compressio per inflammationem, abscessus, scir-
rhos, si membra arteriis praedita obsideant et
vinciant sed tamen per majora intervalla et len-
tis circuitibus inaequales pulsus tum succedunt
aequalibus, eo quod horum tumorum lenta quoque est immutatio.»

Obstructio a crassis viscidis humoribus
arteriarum canales opilantibus oritur; praecipue
vero ubi id prope cor, aut in corde ipso contingit «tum enim liber transitus spiritibus per
canales suos non datur: proinde variam inaequalitatem nasci est necesse.»

Sanguinis nimia copia in venis aut arteriis
repletionis causa fit; illae enim arteriarum
adjacentium pressione, hae vero superfluo, quem
continent humore liberum spirituum circuitum
cohibent.

Altera causa primaria, facultas, puta vitalis
triplici quoque modo a norma recedere et inae-
qualitati, quae vocatur, systematicae originem

praebere potest i. e. vel onere quodam, licet caeteroquin robusta sit, supprimitur, vel tempera-
menti resolutione languida redditur, vel denique vis ejus varias ad partes distrahitur, quo-
modocunque vero actio ejus perturbata fuerit,
inaequales edat pulsus, oportet. Perbelle igitur
veram debilitatem, ab illa, quae a viribus sup-
pressis oritur, distinguit, et quomodo ex alterutra pulsus inaequales oriantur, acuta hac similitudine dilucidat:

«Quemadmodum homines sani et validi dum
ambulant ex instituto, aequis semper et magnis
passibus incedunt: dum vero aegrotant vel se-
nio vires habent adtritas minimis et infirmis passibus serpunt ac tardis. Quod si sani sint et
robusti, compedes autem habeant sibi adligatos,
gradientur nunc magnis, nunc parvis passibus,
nunc celeriter, nunc tarde, nunc crebro, nunc
interpolatim, nunc fixis pedibus, nunc vacillan-
tibus, prout vincula sinunt: sic se res habet
de onerata, debili et distracta facultate vitali.»

Distrahitur facultas, referente Struthio vel
duplici cordis intemperie, vel diversis aliis gra-
vibus ejus affectibus, qui efficiunt, ut aliae cordis partes calidae sint, frigidae aliae, exinde
«illae magnos pulsus, celeres, raros, vehementes, exposcunt: hae vero parvos, tardos, crebros, languidos, et dum illis satisfit, ad has
deinde facultas adtendit, fiet itaque vicissitudo
omnium pulsuum et inaequalitas, prodeunt inde
et dicroti.»

Gradus virium debilitatis diversus, diversos quoque languidorum pulsuum gradus provocabit: «In modica enim» ait ille (C. IX. 157) «intemperie fiunt parvi, tardi, crebri, languidi: in majore reciproci, in maxima myuri non reciproci: ultra quam si adhuc recedatur, prodibunt intermittentes, in longinquiore recessu deficientes ultimo asphyxia id est pulsuum privatio.»

Asphyxiam alteram veram, ubi arteriae motus prorsus silet, alteram vero apparentem statuit, ubi arteriae motus adsit quidem, sed adeo exilis, ut tactum vel acutissimum effugiat. Veram asphyxiam morti ipsi tantum adsignat.

Eaedem in genere omnium, quotquot sunt, reliquorum pulsuum inaequalium caussae proximae ponuntur, atque iterum iterumque recoquuntur, gradu nonnisi vel diversa plurium conjunctione distinctae, quas ideo singillatim referre et longum nimis et supervacuum esset, eo magis, quam, quamquam acute sunt excogitatae, ob nimiam tamen subtilitatem, vel in ipsa pulsuum multitudine jam conspicuam, veritatis et consequenter utilitatis valore careant; nos vero vel adhuc adlatis sat claram earum (quantum id fieri potuit) lectori exhibitam esse imaginem, putemus.

Licebit vero anteaquam quartum operis librum adgrediamur, unum adhuc locum ex tertio adferre, in quo singularis palpitationis cordis origo (Pathogenia) enarratur:

«Tremor et palpitatio sunt multum a se differentes motus. Palpitatio enim sive levigatio,

motus est totus praeter naturam, a flatu in mem-
bro occluso, qui exitum quaerit et agitat secum
continentia membra tamdiu, donec vel resolva-
tur, vel violenter explosus in cognatum sibi aërem
expiret. Accidit vero subinde cuti et subjectis
ipsi musculis, praeterea ventriculo, vesicae, in-
testinis, iocinori, lieni, septo transverso: atque
ut summatim dicam, omnibus quae distingui possunt, ut pote arteriis et ipsi cordi et toti nonnunquam corpori. Palpitationis autem momentanea celeritas et dum exoritur et dum solvitur,
indicat aëream esse substantiam (id est, vapo-
rem crassiorem, ac multum) quae arterias et
cor a se ipsis distinguat, nam et derepente fit
et subito conquiescit: quod nulli humori com-
petere potest» .... «Causa igitur palpitantis
pulsus, est repletio instrumenti flatuosa.»

Tremorem autem, ut medicus noster jure
contendit, facultas imbecilla provocat, quae quidem motum perficere conatur, vincendo tamen
membri commovendi, eidemque adverso ponderi
proprio impar est.

Causis secundariis pulsuum recensendis quartus destinatur liber, quo Struthius, quaenam per
aetates diversas, sexus, temperamenta, anni
tempora, coeli varietatem aliasque id genus res
externas, sit pulsuum diversitas, ordine perlustrat.

Galenum, ut ipse fatetur, secutus, cui hac
in re abstrusa lucem adfere conatur. In capite
enim I. p. 190. haec ejus leguntur verba:

«Nos obstrusis tantum lucem adferre cona-
bimur, in gratiam studiosorum, qui obscuritate
Galeni deterriti sunt hucusque, ab arte Sphygmica, qui poterint, si velint, nostra hac lucu-
bratione uti loco Scholiorum in libros Galeni.»

Hocce propositum suum eum in modum exe-
quitur, ut praemisso Galeni praecepto, hujusce
veritatem e proximis causis seu syneeticis dedu-
cere studeat. Sic ut unum adferam exemplum,
de pulsuum per sexus diversitate ita habet: «Est
autem de eo (sexu) vetus Graecorum regula seu
canon iste: aut si mavis dicere aphorismus «Viri
mulieribus habent ut plurimum pulsus multo majores et multo vehementiores, paulo autem tardiores et rariores.»»

«Quatuor sunt rationes, cur viri majores
et vehementiores pulsus habeant, quam foeminae. Prima est temperamentum: vir enim cali-
dior est et siccior, quam foemina, quare in viro
auctus est usus pulsuum, in foemina diminutus,
aucti vero usus pulsus familiaris est magnus,
diminuti parvus. — Secunda quia vir robustior
est quam foemina. Facultatis vero robustae docuimus proprium esse pulsum vehementem, familiarem, magnum. Qui vero in tertio libro parum diligenter est versatus, haec non intelliget.
Tertia, quia viris ampla sunt spacia, in quibus
distenduntur arteriae: in mulieribus angusta,
propter adipem et humores pituitosos, qui ea
occupant. Diximus autem antea, spacium seu
locum amplum, concausam esse magnorum pul-

suum, strictum vero parvorum. Quarta, quia
viri laboribus et exercitiis augent robur vitale
et recalefaciunt corpora. Atque haec potissima
causa est, ut viris non solum sint majores pulsus et vehementiores sed etiam multo majores
et multo vehementiores. Si enim effoeminatus
sit vir, in ocio et deliciis vivens, non habebit
pulsus multo majores. Tanti scilicet est momenti ad augendum calorem et vitale robur, opportuna exercitatio.» etc.

Simili modo ceteras causas, quae dicuntur
naturales indagat, unde elucet in libro Artis Sphygmicae 4to, praecepta generalia in libro tertio
jam tradita, ad explicandam rerum externarum in
pulsus vim adcommodari. Quamobrem cum haec
facile ex iis, quae de causis primariis protulimus, colligi possint, iisdem in specie iterum
iterumque repetendis supersedemus; silentio tamen nobis non est praetermittendum, Struthium
medicis junioribus recte identidem praecipere,
ut majorem in experientia et observationibus
quam in dialecticis argumentis collocent fiduciam.
Ita cap. V. pag. 200, ubi de anni temporum in
pulsus vi agitur, haec salubria leguntur praecepta.

«Non omnium autem mortalium, medio vere, aeque pulsus sunt maximi, sed cujusque pro
sua natura.— Nugae enim fuerint merae, si cen-
seas illi qui biliosa, calida et adusta natura est,
aut pituitosa atque frigida, maximos medio vere
pulsus esse. In disputationibus, verbis hoc quidem defendere posses, sed experientia longe

aliter commonstrat. — Quippe calidiores et sic-
ciores temperamento, videbis non exspectare medium ver, sed habere multo ante, suos maximos
pulsus: humidiores vero temperamento et frigi-
diores longe ultra medium ver, ineunte jam aesta-
te. Soli vero, qui optimam sunt nacti consti-
tutionem corporis, medio vere comperiuntur maximos suos pulsus obtinere »

Jure monet, ne Astrologorum more singu-
lis quibusque anni temporibus, si horum vis in
morbos pulsusque aestimanda est, aequalis semper adsignetur diuturnitas, sed coeli varii ratio,
et aëris in genere conditio quae sensu potius
quam, calculo astronomico cognoscuntur anni
vicissitudines medico determinent.

«Medicus (vero) artifex est sensui innitens:
haec tempora sensu discernit non signis coelestibus. Ver vocat quando est aër temperatus:
aestatem dum praepollet caliditas et siccitas, ordine a natura instituto: Autumnum, dum frigiditas et siccitas: hyemem, dum frigiditas et
humiditas. Ordinavit autem natura has temporum partitiones pro diversis parallelis, diverso
modo.» C. V. p. 202.

Unde etiam probat eam anni temporum quam
Hippocrates in Graecia observaverat. rationem,
multam ab illa quae in Polonia contingit discre-
pare, «Apud nos autem in Polonia» sunt verba
ejus «ver longe post aequinoctium apparet et vix
sesquimensem nos recreat. Aestas non integros
quatuor menses sibi vendicat. Autumnus vires

suas exerit longe ante ortum Arcturi: mox post
occasum Sagittae, quinquaginta ultra, vel citra,
dierum spatio nobiscum ludens. Hyemi vix non
quinque menses apud nos debentur. Fiunt etiam
in anni temporibus saepius magnae mutationes,
ut docuit Hippocrates. Nam et aestus fit nonnunquam veri similis: et ver nonnunquam talem
gerit frigiditatem, qualem tempus hybernum; aliquando talem, qualem tempus aestivum calidita-
tem. Si quando igitur frigidum fuerit, hyber-
nos pulsus exbibebit, quando vero calidum,
aestivis similes erunt. Sic et de aliis temporibus, dum nativa sua temperamenta exuerint,
judicabis.»

Ubi de vi agit, quam somnus in pulsum
exercere solet, probe salubrem virium refectio-
ni, corporisque restaurationi destinatum, a mor-
boso illo sopore distinguit, qui virium exhau-
starum summique languoris est indicium. Hunc
si summum assecutus erit gradum Caron adpellat, et ita definit, distinguens a comate (C.
VI. p. 208) «Est autem caros universarum motio-
num et sensuum privatio, excepta spiratione.
Arabes Subeth vocant. Differt a comate, quoniam comatici dum expergiscuntur aut excitan-
tur, bene sunt compotes sui. Caro autem la-
borantes, somni etiam profunditate occupantur:
at si stimulantur etsi sentiunt, nihil tamen dicunt, neque oculos aperiunt.»

Perniciosum quoque immensae laetitiae eventum a se ipso observatum in pag 220 ubi de

15

animi perturbationibus sermo est, scriptor noster
hisce refert: «Et nos ipsi comperimus matronam
in Polonia nobilem, provectae jam aetatis, quum
filium cerneret ad summum dignitatis gradum
evectum, stipatum caterva magnatum, qui eum
honoris causa comitabantur, praecedebant et se-
quebantur, praeterire in equo aedes suas, prae
laetitia viribus fuisse destitutam et post complures dies mortuam.»

 Paulo vero infra in vim inquirens, quam
pulsus ab animo amore flagrante experitur, hunc
nobis singularem refert casum: (C. XIV. p. 223).

 «Memini me jam olim, pulsus amoris primum experimentum fecisse, in uxore cujusdam
viri nobilis, quam subolfeceram adulteri amore
fuisse correptam, sed nescivi quis esset. Quum
assiderem, quadam die ei foeminae, coepi de industria percunctari res plurimas ab ea, quarum
cognitio ad curandam eam (nam maritus ejus,
medendi causa in febre, curae meae eam com-
miserat, peregre proficiscens) videbatur esse
necessaria. Interim vero manum ejus adtrecta-
bam et tangebam arteriam interpollatim. Insi-
nuavi etiam mentionem multorum hominum coram
ipsa, quos nominatim recensebam. Quum vero inter caeteros nominavi eum, quem ipsa deperi-
bat, coepit illico pulsus variari ac ex naturali
fieri multo minor, celerior, crebrior et langui-
dior: sed in iis omnibus inaequaliter, commu-
tans sine ullo ordine, pulsus parvos in magnos,
debiles in languidos et vicissim hos in illos,

similiter et celeres in tardiores, crebriores in
rariores et e contra, perseveravit vero ea pulsuum immutatio aliquousque, nec cito desiit. Ac
ego tum conjectura sum assecutus, illum ipsum
fuisse ejus adulterum ad cujus commemoratio-
nem ipsa tantum expavit et pulsus perturbavit:
quod non contigit alias, dum aliorum juvenum
praeter adulterum mentionem facerem.»

Causarum secundariarum agmen claudunt illae, quae contra naturam adpellantur, quibus
morborum causae, morbi ipsi et horum symptomata accensentur. Innumeram horum momentorum copiam triplici tantum modo pulsus immutari
posse contendit. Aut enim resolvitur facultas, aut oneratur, aut irritatur. (C. XVI.
227) «Resolvunt facultatem alimenti inopia, morborum malignitas, animi summae perturbationes,
dolores nimii aut longi, effluxiones superfluae,
intemperies magnae, quas dyscrasias vocant. —
Onerant facultatem plenitudo, morbi membrorum
officialium, quales sunt inflammationes, scirrhi,
tumores, abscessus, corruptiones variae et morbi malae compositionis. — Irritant porro haec eadem quae vi resolvendi, vel gravandi pollere diximus, dum facultatem ad conatum seu
certamen provocant, quo repellere nititur sua incommoda.

Saepe autem coëunt et complicantur causae
resolventes cum onerantibus et irritantibus.»

Pro harum noxarum diversitate, diversi nascuntur pulsus. Illae itaque, quae vim vitalem

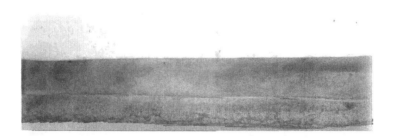

resolvunt, primo parvos, celeres, crebros, languidos provocant; harum actione perseverante,
pulsus gradatim minimi, tardissimi, ac tandem
intermittentes, myuri et vermiculantes fiunt. Vis
vitalis suppressa, seu cohibita, pulsus inaequales anonymos, inordinatos reddit; qui gradatim
in intercurrentes, intermittentes, caprisantes, et
sic porro, abeunt.

Causae irritantes, vigente adhuc vi vitali pulsus efficiunt magnos, altos, celeres, crebros,
vehementes; si vero vis seu facultas imbecilla
est, parvos, tardos, crebros, inaequales.

Singillatim dein nonnullorum corporis affec-
tuum pulsus exponit, et hac oblata sibi occasione, plurium morborum adcuratam depingit
imaginem; quo eorum vis pulsus immutandi magis eluceat, vel quo suam interdum a reliquis
sui temporis medicis non receptam opinionem
probet. Missis itaque, quae ex prolatis Struthii
sententiis facile colliguntur, eorum tantum mentionem facturi sumus, quae aut peculiarem et
ab hodie probata, alienam exhibent opinionem;
vel ingenii auctoris perspicacitatem, vel ejus
assiduum observationis studium, quo vulgatis-
simos tunc temporis errores oppugnare conatus
est, nobis ostendunt.

Acutam veramque irritationis difinitionem
Cap. 18. Lib. IV. exhibet, ubi de doloris pulsu
agitur, quem initio sat vehementem esse existimat, idque ita probat: «Vehementior pulsus
est in dolore ex irritata facultate: quod nemo in-

telligit nisi qui meminit, quid sit robusta facultas, quid irritata. Facultas autem in doloris
principio, priusqnam fatiscat, concitat sese ad
reijciendum et propulsandum, id quod sibi est
molestum. Eadem est ratio cur sint et majores et celeriores et crebriores, nam et ii irrita-
tae facultati et robustae sunt familiares.

Marasmi tres species statuuntur, quarum altera simplex dicta tum adesse fertnr «(C 22.
p. 237) quando totum corpus aridum efficitur,
siccitate ultra modum excedente, calido vero et
frigido intra terminos suos manente. Talis autem ex inediis oriri consuevit, dum vel non habet quis, quod edat, vel edere prohibetur.» Altera species Marasmi calidi nomine venit ab
immodico calore ad siccitatem accendente «qui
torret et liquat talis fit in hecticis febribus,
in erysipelate ventriculi, in intemperie calida
et sicca ventriculi, in intemperie visceris alterius
in inflammationibus interiorum non bene di-
scussis.»

Tertia tabes frigida vocatur a siccitate
et frigiditate simul exuberante oriunda et in
senibus decrepitis vulgo, vel (ut ejus utar verbis) «secundum naturam» conspicua; «contra naturam vero in iis, membrum qui interius aliquod
habent supra modum exsiccatum et refrigeratum;
ab eo vero totum corpus, ut fit ventriculo affecto
in plurimis.» Magis vero quam subtilis haec fic-
ta potius, quam experientiae innixa, morbi divisio placebit simplex et vera specierum in quacun-

que tabe obviarum relatio pag. 238 legenda:
«sunt autem omnium marasmorum communes no-
tae in facie: nares, acutae, cavi oculi, collapsa
tempora, contractae imis inversis aures, cutis
dura faciei, tensa atque arida, totius denique
corporis extenuatio: quae tanto est insignior quanto
intimius humidum absumitur.»

Recte quoque adfirmat, in tabe ex affecto
quodam viscere oriunda accidere, ut visceris laesi
major praestantia vel dignitas, majus quoque
minetur periculum et graviora provocet incommoda, dum contra exiguae nonnullarum inter-
narum partium inflammationes medicum saepius
lateant et tractu temporis tandem emaciato jam
corpore in conspectum veniant.

Mira (C. XXIII. pag. 241) adferuntur argu-
menta, quibus mollities Peripnenmonicorum pulsuum probetur; unde etiam inflammationis pulmonum pathogenia elucet: «Mollis, quoniam
pulmo viscus est laxum, molle, multis vacuita-
tibus seu spatiis inanibus praeditum in quibus
phlegmata redundant, ob ea vero madent arteriae et flaccescunt: tumor etiam inflammationis
phlegmaticus est, nam biliosus succus in tam
amplis membri spatiis haerere non solet sed dif-
fluit, phlegmata vero impingunt et manent: quae
si colligantur in unum et putrefiant, accendunt
pulmonem, obstruunt vasa ejus, aggravant, com-
primunt »

Edocemur capite 25. pag. 248. Phrenetidem
quae inflammatio est tenuioris membranae ce-

rebri, quam piam matrem vulgus vocat, vel
septi transversi, quod diaphragma Graeci appellant.» a bilioso oriri humore, cui proprium est
cogere, siccare, tendere, indurare, in
fine vero ejusdem capitis, haecce Struthii legitur animadversio: (pag. 251). «Nolo autem sub-
ticere hoc loco quod ego animadverto in Galeno,
ubi agit de pulsu phreneticorum, stylum Galeni
ibi non esse, nec scriptum illud Minervam ipsius
redolere: sed forsitan Archigenis, quod Galenus
ad verbum in librum suum inseruit.»

De anginarum pulsu agens, Hippocratis de
hoc morbo Aphorismos adfert, illumque morbum
qui hucdum, licet perperam Anginae Hippocratis
nomine salutatur earum speciebus adnumerat,
ortumque ejus ita explicat: (Cap. XXX. p. 257).
«At vero si membranosae et nervosae colli partes, plus ab angina afficiantur, quam carnosae,
(qualem describit Hippocrates illo aphorismo:
Si a febre habito collum subito invertatur, et
vix potest devorare sine ullo tumore, lethale)
convulsivus tum erit pulsus: nam spasmus subsequitur, quem Latini convulsionem vocant, magna enim est iis partibus societas cum spinali
medulla, et quae ipsam ambiunt membranis, nervorum et ligamentorum communicatione: haec
vero dum tenduntur, compatitur principium, id
est cerebrum.»

Pulsus Anginae agentis jam animam hominis, cur creber fiat et inaequalis hiace explicat:
«Creber quidem ob auctum usum id est defectum

spirituum: inaequalis autem, ob affectam facultatem. Facultas enim morti proxima ad similitudinem ferae seu belluae, dum in venando pro-
sternitur et occiditur, subito saepe desistit, saepe cupit resistere; quorum alterum intermittentem (dum desistit scilicet) alterum efficit crebrum
et rarum pulsum dum cupit resistere adhuc.»

Cap. 32. p. 262. pulsus suffocationis
Uteri nobis referens has quoque de ipso morbo tradit notitias: «Morbus qui a Grecis ὑστερικὴ
πνίξ dicitur, a Latinis suffocatio Uteri, melius
suffocatio ex utero, seu suffocatio uterina vocatur (aufert enim respirationem) non est ut Paulus Aegineta definit, et secundum eum Leonar-
dus Fuchsius, uteri ad superiora retractio. Saepenumero enim utero in sua sede manente, nihilominus mulieres uteri suffocatione corripiun-
tur, ut docet Galenus in libro de locis affectis et ipsa experientia. Sed est intemperies uteri
cum materia venenosa, cujus malignitas commu-
nicatur cerebro et cordi, sive id qualitate sola
fiat, sive cum vaporibus sursum elatis. Causae
autem sunt hujus mali, vel menstrua retenta
et corrupta, vel sperma retentum et corruptum,
vel utrumque; interdum etiam excrementum
ex debili coctione uteri relictum, et corruptum:
ut in refrigerato utero, vel laeso in difficili ali-
quo aborsu. Non eo tamen inficias, quod aliquando uterus retrahatur in hoc morbo, sursum
vel aliorsum, ad hoc vel alterum latus: id quod
accidit ob tensionem uteri. Tenditur autem ute-

rus, dum vasa ejus replentur, hac vel illa parte: ut solet fieri non in hoc tantum morbo, sed
in aliis compluribus. Sed quod necessario omni
uteri suffocationi retractio adsit, hoc rationi et
experientiae repugnat .

Species hujus incommodi diversas esse et
pulsus inde diversos, existimat, modo enim spa-
smi, modo moestitia et animi defectio in conspectum veniunt, hinc etiam pulsus aut tensi
erunt, aut parvi, tardi, vel contra crebri, immo
et pulsuum abolitionem seu Asphyxiam in malo
hoc observari declarat.

Hydropem omnem a debili hepate deducit,
sive ipsi adfectus sit primarius, sive secundarius
et mediatus, ab aliis visceribus munere suo rite
haud fungentibus, ut a pulmone, liene, ventriculo, venis mesaraicis, renibus, vesica, utero
morbo detentis, originem ducens. Hoc enim modo
fieri censet, ut jecur sanguini bono elaborando
impar reddatur et ejus loco succi aquosi in
ascite, flatuosi in tympanite, phlegmatici al-
bi in anasarca excernantur.

Quae de gallico morbo, nobis venereo dicto,
Struthius profert, adtulisse quoque juvabit. Sunt
vero haec: (C. 35. p. 270). »Morbum Gallicum,
alii morbum Neapolitanum, alii scabiem Hispa-
nicam, alii elephantiasim, sed improprie sicut
et lichenem, seu impetiginem: alii et menta-
gram et saphatum vocant. Quemadmodum autem nomine discrepant multi, ita et definitione.
Alii enim solutam continuitatem, hunc morbum

16

esse definiunt, ut Manardus in Epistolis; alii intemperiem; sed utrique meo judicio, laterem lavant. Quum enim hic morbus non sit unus simplex, sed ex pluribus simplicibns, unum illi genus subalternum dari non potest, nec definitio una, sed descriptio potius. In descriptione vero ejus, non tantum spectanda medico forma est, quae est tum intemperies, tum mala compositio, tum solutio continui, quantum materia ejus et seminaria. Nam causas ejus effectrices, quae ab initio fuerunt planetarum superiorum insolitae conjuctiones et deterrimae, nunc vero sunt homines ipsi, qui contagione alius alij autor est ejus mali, sciens, volensque praetereo.

Materia porro ejus morbi est ut plurimum phlegma crassum, viscidum, sordidum: id quod indicant, pustulae latae, tubera crassa, veluti gummata, dolores chronici, fluxus phlegmatici, qui insectis ferro quibusdam aegrotorum corporibus adparuerunt: veluti mucci quidam lenti et tenaces, quibus nervi, membranae et musculi oblinuntur.»

Materiae huic praeterea spiritualem, seu specificam inesse virtutem (quam hodierni medici dynamicam nuncupare consueverunt) contendit, «quae» ut ait «venenosa est et fraudulenta, demoliens et labefactans facultates membrorum, nonnunquam et substantiam eorum corrumpens, rebellemque belluam faciens ad medicamenta, quae primis vel secundis qualitatibus operantur,

at necesse sit adhibere alexipharmaca, seu amu-
leta: inter quae praecipuum est lignum sanctum,
seu guajacum, china deinde Indica, sparta pa-
rilla et hydrargyrum.»

De ipso contagio haec porro habet:

«Seminaria per quae hic morbus contagio-
sus est, sunt exigua corpuscula, veluti atomi
(non tamen Epicurei) quae exhalant et efferuntur simul cum vaporibus et humorem phlegma-
ticum, propter sympathiam, facile inficiunt, ac
alia ex se in analogo hoc humore procreant.»

Rem ultra prosequens ita docet: (pag. 273).

«Percontati autem sunt me saepius artis medicae studiosi, cur morbus Gallicus novus esse
censeatur, quum omnia, quae in ipso conspiciun-
tur, sint vetera? Nam colis et totius habitus corporis crustuosas pustulas, prava faucium hulcera,
impetigines cutis, articulorum dolores, noctur-
nas rheumatum accessiones, ossium nodos seu
excrescentias, ut vocant, esse mala vetera, veterum scriptorum monimenta declarant. Ego vero
non propter haec quae recensui, nec propter
horum miscellaneam multitudinem, morbum Gallicum novum esse respondi: sed propter qualitatem ejus novam et seminaria nova. Qualitas
autem haec ut antea docui, materiae est et se-
minum specifica, carens nomine proprio: estque
sensui nostro occulta, effectus tamen indicat,
quam prava sit et efficax.»

Hic etiam meminisse juvabit, in eodem artis sphygmicae libro, quum in eo de vi agatur,

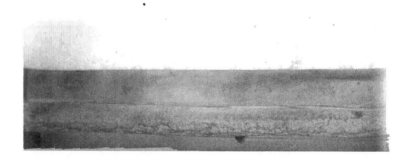

quam variorum corporis instrumentorum affectus,
in commutandos pulsus exerceant, prima jam,
ut ita dicam, elementa pulsuum, quae dicuntur, organicorum a Francogallis Bordevio et Fou-
queto saeculo demum superiori excogitatorum,
contineri. — Primi tamen hujus doctrinae auctores et defensores e sola pulsus indole morbi
sedem, ejusque futurum eventum cognosci posse, contendentes a simplicitate Struthii
jam desciverunt, qui longe majori jure pulsum
tantum sociis caeteris convenientibus signis alicujus esse momenti, iterum, iterumque monet.

Ad quintum jam operis, de quo agimus,
librum pervenimus, qui docet, quomodo e pulsibus futurus morbi eventus praedicendus sit.
Hic ut ordine omnium postremus est, ita et ul-
timum, quem conjectura prioribus assecutus est,
totius artis Sphygmicae exhibet finem fructum-
que. Constat apud omnes medicos, cujuscunque praesagii certitudinem aut saltem probabili-
tatem ab adcurata probaque causarum et ipsius
morbi indolis cognitione pendere et ex his sponte (ut ita dicam) fluere. Quod et Struthius (C.
9. p. 313) his declarat verbis: •Ne mireris autem,
quod dum significationes inaequalitatum recen-
semus, interseramus nonnulla, quae ad causas
earum explicandas pertinent: quod erat proprium
libri tertii et quarti negotium. Sic enim com-
plicata est ars praesagitionis pulsuum, cum arte
causarum indagationis, ut necesse sit, qui alteram tractat, alterius materiam simul verset. Et

re vera qui causas pulsuum disquirit, jam prae-
sagit, licet non futuros semper, at saltem prae-
sentes et praeteritos aegrotorum affectus.»

Haec est causa, cur Struthius sua de prognosi
ex pulsibus praecepta ita nobis tradat, ut primum causas cujusvis pulsus tertio et quarto libro fusius prolatas paucis in animum revocet,
et tum quid singulus quisque in genere (nullius
scilicet morbi ratione habita) significet, dein vero quilibet morbus, quem exhibeat pulsum et
quid sibi iste velit, ostendat, suam supra jam
a nobis expositam pulsuum (secundum genera et
species) divisionem, in hac quoque doctrinae parte amplexus. Jure tamen adhortatur medicos, ne
soli pulsui, qui unum nonnisi e pluribus aliis pro-
gnoseos sistit momentum, in determinandis morborum causis, praesagiisque ferendis inhaereant; sed
et reliqua omnia signa respiciant, secumque con-
ferant, anteaquam, suum de aegroto judicium sint
facturi. Causas pulsuum in hoc libro ita indagat, ut harum ipsarum discrimina ex percepta
pulsus indole cognoscere doceat. Sic ut exemplo res illustretur in 3tio libro triplicem pulsui
magno causam adsignat, (facultatem robustam,
instrumentum molle et usum auctum), in 5to vero
libro modum proponit, quo eruere possimus,
utra harum causarum pulsum magnum, quem recte
tangimus, provocaverit; id enim respici jubet,
robustam facultatem pulsum magnum et vehementem simul, instrumentum molle eundem magnum et mollem; auctum vero usum ma-

gu u m tantum pulsum cfficere, sed vehementiae
et mollitiei expertem. — Rem ulterius prosequens,
ad remotiores, quae dicuntur causas, magnitudinis pulsuum investigandas, haec praebet con-
silia : (C. II. p. 288). ·lis cognitis, si ambigas,
ex intensone calore, an vero exhausto animali
spiritu usus increverit, quum duplicem hunc aucti usus esse modum in prioribus libris statue-
rimus, haud magno id negotio explorabis, ad-
hibitis aliis ex arte medica indiciis, neque enim
solis pulsibus est inhaerendum omnium praece-
ptorum artis meminisse oportet, circa singulos
aegros. Calor tactum non fugit medici tangen-
tis axillas, spinam, hypochondria, volas: aeger
etiam calidum edit spiritum, de aestu conqueri-
tur interdum, de siti etiam nonnunquam. Animalis autem spiritus exhaustionem praecesserunt
vel motus nimii, qui dissipant habitu (sic) spiritus substantiam: sudores immodici, effluxiones
superfluae, vel alia similia, quorum, nihil potest latere medicum in artis operibus diu pro-
beque exercitatum. Quod si nondum acquiescas,
sed nosse cupias, quae sint illa, quae calorem
adauxerunt in corpore, secernas in primis sanos
ab aegrotis. Sani enim aut ex temperamento
calido nacti sunt id quidquid est in ipsis caloris,
aut ex usu rerum calidarum. Res autem calidas
voco res sex non naturales. Scies autem num
ex temperamento: si calleas notas et signa tem-
peramentorum, ac eorum pulsus, de quibus antea satis diximus Res autem non naturales cale-

facientes, ut pote aërem calidum, exercitia, commotiones humorum, cibos et potiones calidas, balnea, iram, et id genus alia, partim ex familiaribus earum rerum pulsibus, partim aliis conjecturis assequere. Vini potionem (exempli gratia) ex oris redolentia, iram ex oculis torvis et vultu, balneum ex cutis nitore et mollicie. Sed quid opus est plura recensere? quum sufficiant ut vulgo dicitur, sapienti pauca. Aegroti etiam ex iis quae recensuimus, incalescere solent, sed si nihil horum egerint, nec assumpserint, magnus pulsus in ipsis morbum inesse calidum ostendet: cui adtestabitur perseverantia magnitudinis. Nam magnitudo pulsus, quae ex usu rerum non naturalium calidarum oboritur, momentanea est et diu non durat: quae autem ex morbo proficiscitur permanens est, ac si repetitis vicibus, iterum atque iterum tangas arteriam, eandem semper reperies magnitudinem, pro ratione et quantitate morbi.»

Eundem modum in omni pulsuum genere, quod singillatim dein pertractat, si veram dignoscere cupimus causam, adhiberi suadet.

Ita quoque pulsuum facultatem seu vim vitalem utrum resoluta sit, an opressa, vel irritata, discerni posse jure contendit.

«Sunt enim» ait ille C. V. 296. «nocumenta facultatis specie tria. Primum est, resolutio dum scilicet temperamentum cordis vel arteriarum dissolvitur et tum dicitur esse resoluta facultas. Graeci dicunt λυωμένη δύναμις: eam indicant pul-

sus languidi, parvi, et si usus non urgeat, tardi, crebri. Alterum est oppresio, dum facultas
ex se quidem robusta est, eo quod bona sit cordis et arteriarum temperies, sed oneratur seu gravatur succis nimiis. Graeci vocant βαρυνομένην
δύναμιν, hoc nocumentum indicant pulsus inaequales, inordinati, id quod ex tertio libro didi-
cisti. Tertium nocumentum est irritatio, dum
scilicet stimulatur facultas a rebus molestis, quam
Graeci appelant ἐρεθιζομένην δύναμιν. Ea vero
quae irritant nihil refert sive primo vitalem af-
ficiant facultatem, sive animalem, sive naturalem. Docuimus enim antea mutuum esse omnium
facultatum inter se consensum, et quod uni magnopere nocet, aliae aegre ferunt. Irritatam facultatem si robusta est, significant pulsus vehementes, magni, alti, celeres: ut fit in ira et
crisibus. Irritatam autem facultatem si imbecilla
est, ostendunt pulsus languidi et loco magnorum
celeres et crebri.»

Perlustratis simili ratione quinque praecipuis
pulsuum generibus, eorumque speciebus, eos,
quos supremi digitorum articuli, nobis repraе-
sentaturi erant (et qui ideo supremi a Struthio
nuncupantur,) i. e. magnos, celeres, vehementes, crebros et molles, vel potius summos eorum
gradus salubriores esse existimat inferioribus
seu illis, qnos memoriae facilitati consulens imis
digitorum articulis quasi affixerat: postremos enim
nunquam periculo vacare putat. Priorum vero
mollissimus omnium sui ordinis est deterrimus

superfluam enim» ait auctor noster (C. VI. 300)
«arguit humiditatem, comes hydropum et coma-
tum. — Vehementissimus vero omnium,
non sui ordinis tantum, sed et alterius, qui in-
feros continet pulsus, est tutissimus: nihil por-
tendit periculi, nuncius bonarum crisium.» Huic
quod ad utilitatem adtinet maximus subsequitur.
Inferorum vero pessimus est languidissimus,
quem excipit tardissimus, rarissimus, quos tandem minimus sequitur.

«Durissimus vero perinde est ut mollissimus periculosus, scirrhorum et insignium inflam-
mationum consectaneus, aut frigiditatum summa-
rum, aut squalidissimi marcoris.»

Quod ad pulsuum rhythmum adtinet, cujus
diversitatem a diversa contractionis vel distensionis arteriae necessitate oriri, supra jam vidimus, ille, qui eurrhytmus pulsus adpellatur,
omnium optimus habetur, reliqui vero tanto pe-
joris sunt ominis, quanto ab aequali mode-
rato recedunt numero.

Variam motus cordis arteriarumque necessitatem, a qua rhythmi varietas pendet, recen-
sens de duplici animalium calore haec habet:
(C. 7. 301). «Duplex enim est genere in corpore animalium calor. Alter corpori proprius
et congenitus, benignus, solis seu coelestis naturae particeps. Alter vero nothus et acquisi-
ticius, elementaris ac igneus. Prior est in so-
lidis partibus et optimo sanguine. Posterior vero
in excrementis et vaporibus: hic praeter natu-

17

ram, ille vero naturalis. Ac saepe accidit, ut
calor praeter naturam coagmentetur, naturalis
autem imminuatur, vel contra naturalis viget,
qui praeter naturam est decrescit: naturalem distensio pulsus adtemperat, excrementosum contractio repurgat.»

Omnium reliquorum inaequalium pulsuum
hos in genere, deterrimos et perniciosissimos
existimat, qui vel facultatem, seu vim vitalem
resolutam, vel instrumenti seu cordis viciaarum-
que arteriarum grave vitium denotent; eos vero
longe minus minari periculum, credit, quos ju-
sto major sanguinis copia inaequales reddat; tum
enim sanguinis missione malum facile sedari.

Quo longiora intermittentes pulsus exhibent,
intermissionum tempora, tanto pejores habendi,
nisi natura aegroto contigerint. Minus tamen,
ut refert, portendunt discrimen senibus et pueris, quam juvenibus ex eo, quod longe minus
conveniant hisce, qnam illis.

«Senes» ait (C. VIII. 310) «et pueri imbe-
cillas habent vires vitales ex facili igitur et levi
causa actiones earum immutantur. Intemperies
et obstructiones exiguae senibus et pueris ob-
sunt: juvenibus nonnisi maximae, quas extirpa-
re est difficile» (11).

(11) Struthius, intermittentem pulsum, signis adnu-
    merans infaustis cum Galeno consentit. Pro-
    sperus enim Alpinius a Sprengelio Semiotices
    pater dictus (nat. 1558. † 1617 p. Chr. Nat.)

Asphyxiam pessimi 'ominis esse adfirmat,
ut pote quae mortem instantem vulgo praegre-
ditur. Unici, quem Medicus noster observavit,
Asphyxiae 14. dies sese protrahentis casus, in
pag. 310 mentio fit:

»Nos unum tantum per annos viginti, quibus in curandis aegrotis assidue versati sumus,
habuimus aegrotum, qui quatuordecim dies perseveravit in asphyxia antequam fuisset morte de-
functus. Erat is Lucas comes de Gorea, vir
illustris ex primariis regni Poloniae senatoribus!
cujus filius unicus Andreas comes de Gorea summus majoris Poloniae capitaneus, vir authorita-
te, opibus, armis, ingenio, omnium quos unquam Polonia habuit procerum, potentissimus,
vix unum et alterum diem duravit in simili Asphyxia ante mortem.»

Jure tamen addit: Asphyxiam non esse uni-
cam et solam mortis nunciam, neque tum adeo
esse horrendam, quum ab externis, iisque mo-
mentaneis enascatur potentiis.

Ex ordine pulsuum inaequalium, qui vocantur, systematicorum minime periculosum putat

primus suis probavit observationibus, intermittentem pulsum subinde periculi esse expertem.
Immo e posterioribus medicis Selano de Luque
eundem pulsum, judicatoriam per alvum excre-
tionem praegredi solere atque ideo fausti esse ominis declaravit, id quod Bordevinus (Bordeu) et
Fouquetus (Fouquet) confirmarunt.

Intercurrentem, qui »promittit bonas crises in morbis, et affuturae salutis fidus est testis, si alia consentiant.»

«Quemadmodum vero ferrarium fabrum unum de numero quatuor vel quinque, ad unam laborantium incudem agilem esse tum ac validum oportet, operique suo obnixe intentum, dum praeter spem aliorum, inter duorum ictus, tertium laminae incutit feriente malleo: sic facultas, quae morbos demolitur (nam eorum ipsa est medicatrix, ut inquit Hippocrates) valida et ad propulsanda obstacula properans sit necesse est, dum inter duos pulsus tertium ex insperato projicit.»

Ex inaequalium, eorumque complicatorum pulsuum numero Undosum laudat, in febribus enim sudorum criticorum est praegressor (12).

Vermiculans vires morbo diutino jam adtritas indicat, aut humorum naturalium ingenti jactura, aut puris larga secretione.

Formicans perniciosus est in febribus longis, hecticis, minus vero terret medicum, si subito a causa quadam externa facile amovenda ut e. g. balneo oriatur.

(12) Ea respicientes, quae supra de pulsus undosi veterum, atque incidui F. Solami, (qui Flemmingio teste, primus ex eodem pulsu sudorem criticum, praenuntiasse fertur) similitudine, dicta sunt, facile elucet eandem sententiam a Struthio nostro centum et quot excurrit annis ante, jam provulgatam fuisse.

E reliquis caprisantem meminisse adhuc juvabit, qui morbum a salubribus naturae cona-
minibus superatum fore annunciat.

Pulsuum secundum varios corporis affectus
diversitas tribus exponitur capitibus, quorum
unum illos,, qui cordi male affecto proprii sunt,
exhibet, alternum in febrium diversarum pulsus
indagat, tertium denique plurimarum corporis
partium incommoda, pulsusque eorum recenset.

Cor triplici modo laborare posse autumat:
intemperie scilicet, mala compositione
(sic enim habet) et solutione continui. Po-
stremis ambobus morborum generibus statim Syn-
copam provocari, declarat, hinc de cordis intemperie tantum fusius disserit, ejusque 11 specierum pulsus perlustrat generalibus duobus praeceptis praemissis. Nos vero undecim his morborum speciebus ordine enumerandis adquiesci-
mus, subtilis hujus divisionis pravae cordis
ipsius, vel ejus contentorum et arteriarum temperiei superstructae, imaginem lectori exhibitu-
ri, missis reliquis inanibus et firmo fundamento
carentibus, quae ex prolatis facile colligi possunt.

Hae vero sunt cordis intemperiei species:
1. Cordis substantia calida.
2. Cordis contenta calida.
3. Cordis contenta calida cum arteriis frigidis.
4. Cordis substantia calida, contenta frigida.
5. Cordis substantia frigida.
6. Cordis contenta frigida.

7. Cordis contenta frigida cum arteriis calidis
8. Cordis substantia frigida, contenta calida.
9. Cor frigidum fumosis vaporibus redundans.
10. Cor inaequali intemperie affectum.
11. Cor humidum vel siccum.

Febres primariae, quae, Struthio referente, a corde affecto originem ducunt, secundum sedem caliditatis praevalentis discedunt: in ephemeras, quum spiritus cordis nimio calore accenditur, hecticas, in quibus corpus seu crassum cordis eodem patitur modo, et humorales si idem fit in succis.

Ephemerae febres pulsus habent a solo tantum usu aucto oriundos, magnos scilicet, celeres et crebros, nisi alia forte mala adjungantur, pulsum hunc immutantia.

Hecticarum pulsus sunt parvi, celeres, crebri, languidi, hectici, quum eas duae causae synecticae, facultas nempe immutata, ususque auctus, efficiant.

Humorales quae dicuntur febres, alias putridae, omnes tres causas synecticas a norma recedentes praeseferunt et ideo diversissimos edunt pulsus, pro diversitate humorum corruptorum seu putrescentium.

«Biliosae enim febres, habent pulsus magnos, celerrimos, creberrimos aliarum comparatione.

Melancholicae minores, tardos, rarissimos, respectu aliarum.

Phlegmaticae minimos aeque tardos ut melancholicae, sed non aeque raros, molles.» (C. XIII. 333).

Hi etiam, pulsus varias nanciscuntur mutationes, ab aliis pendentes, a vera morbi ipsius
indole quidem alienis; morbum tamen ipsum,
vel ejus causas comitantibus fortuitis momentis.
Horum momentorum, seu (ut ipse appellat)
Occasionum sex singillatim indagat:

«Prima: Solent in febribus putridis initio
accessionum, materiae frigidae ad cor confluere,
quae obruunt et suffocant calorem innatum cordis »

Tum enim initio pulsus parvus, tardus et
rarus fiat necesse est, immo, nisi facultas robusta exstinctioni caloris innati renitatur, mors ipsa
eidem succedit Si vero contra calor innatus eam,
qua supprimitur, difficultatem superarit, pulsus quoque majores, celeriores et crebriores eva-
dent; semper tamen in quacunque febre putrida
manifestior erit contractionis, quam distensionis
celeritas, et quidem ex eo, quod fumosi vapo-
res, quorm nimia in his incommodis extricatur
copia, expulsione (quam contractio efficit) magis indigeant; quam sufflatione, quae calorem
parum distensione vasorum sustinet.

«Secunda occasio mutationis pulsuum in febribus putridis est, ex affluxu humorum ad os
ventriculi, seu stomachum, qui initio accessionum, vel paulo post si acres sunt, vellicant
ejus tunicas: si vero crassi et multi gravant et
opprimunt: inde nauseae et vomitus, quorum ratione prodibunt pulsus, quos antea affecto ventriculo docuimus esse peculiares.»

«Tertia occasio est ex recessu spirituum et sanguinis ab externa superficie ad viscera: unde obstructiones, compressiones, repletiones, refrigerationes arteriarum nascuntur, propter quas necesse est in initiis talium accesionum inaequales anonymos fieri pulsus.»

Quarta occasio est ex importuna cibatione vel potione, quae male habet ventriculum initio paroxysmi: quae etiam suos pulsus profert, gravationi vel corrosioni, seu mordicationi debitos.»

«Quinta occasio est, si initio uccessionum nihil horum, quae ante diximus, adfuerit, sed materiae quae putrent, quietae sint, delitentes (sic) in locis suis, solum calorem cordi cum vapore porrigentes.» Hanc initio magnitudo et celeritas inaequali rhythmo adjuncta denotabit, dein vero crebitas, augescente calore.

De latentibus his accessionibus, medicos haud raro decipientibus haec habet:

«Haec multis imponunt medicis falsa hecticarum specie deceptis: nonnullis autem febrem abesse sibi persuadentibus, eo quod nullum extrinsecus ejus signum aprareat, nec horror, nec externarum partium refrigeratio, neque ulla obdormitatio, nec ociositas, nec caloris ulli inaequalitas. Dij boni, quot aegrotos tali febre nos perijsse vidimus, quae aliquando erant solae, aliquando quartanis complicatae. Quia vero quartanae, quantum ex ipsis est, haud quaquam sunt periculosae: id circo aegroti nihil aliud quam quartanam cogitantes, securi edebant,

bibebant, more quartanariorum: tandem praeter
suam opinionem peribant.

«Sexta occasio est: venenosa qualitas (de il-
lárum ordine quae ἀσώματοι δυνάμεις a Graecis
id est, spirituales facultates appellantur, nostri
vocant coccas, alii occultas virtutes) quae totius
substantiae proprietate deleteria est et adversa,
haec aliquando humores in vasis inquinat, vires-
que omnes praecipue vitales infringit. — Hinc
arteriarum pulsus minor et imbecillior fiat necesse est: tanto autem celerior et crebrior, quanto magis fuerint vel minus putridi inquinati humores: facile enim putrescunt.»

Ejusmodi febres pestilentes a Struthio
nuncupantur; sive ephemerae sint, sive hecticae
vel humorales.

Grassantem etiam per totam Poloniam pe-
stem, hac sibi data occasione, commemorat; neque tamen imaginem ejus nobis depingit. Se
ipsum quoque febre pestilentiali ephemera cor-
reptum fuisse in transitu his verbis declarat:
(332).

«Quod si deleteria haec, id est venenosa qualitas, primo in spiritibus haeserit, eosque deva-
staverit, erit tum febris pestilentialis, ephemera, seu diaria, qualem ego in me ipso sum expertus, dum Cracoviae peste correptus fuissem,
jam ante complures annos. Tales etiam in lue
illa, quam sudorem Anglicum vulgo vocant,
saepissime comperiuntur.»

18

De laesis variis corporis partibus pulsibus-
que, qui illis conveniant, tractaturus, tria medicus noster praecepta, ante omnia stricte ob-
servanda et lectorum memoriae probe mandanda
praemittit. Sunt vero:

Primum: «Pulsus totius corporis non immutantur ex parte aliqua affecta, priusquam cordi communicetur laesae partis affectio. Nihilominus tamen, licet non communicetur, nonnullarum praesertim vicinarum et colligatarum arteriarum pulsus immutari possunt.»

Secundum: «Partes diversae nostri corporis, pulsus similiter ex similibus causis immutant. Nam recalefactae reddunt singulae pulsus aucto usui, refrigiratae diminuto peculiares,
siccae duros, humidae molles: compressae, re-
pletae, obstructae inaequales faciunt: propter
tumores vero et apostemata, singulae tensos.»

Tertiam: «Licet autem partes diversae similiter ex similibus causis immutant pulsus, aliae
tamen aliis plus vel minus manifeste: propterea,
quod non omnes ex aequo ad omnes pulsus aptae
sunt. Partes enim aliae sunt natura durae, aliae
molles, aliae densae, aliae rarae, aliae multis et
magnis vasis praeditae, aliae paucis et exilibus:
aliae exquisitum sensum habent, aliae hebetem
aliae sunt proximiores cordi, aliae remotae, aliae
aliis symptomatibus obnoxiae: et pro diversa horum omnium participatione, manifestius vel obscurius pulsus alterant.»

His itaque plures singularum corporis partium adfeetus adcommodat ut: pulmonum, tho-
racis parietum, hepatis, diaphragmatis et sic porro, quae omnia referre et longum esset et supervacuum, quum capitibus prioribus comprehensa, jam sint tradita.

Properamus nnnc ad caput quindecimum,
quod ex eo attentionem nostram magis meretur,
quod instantes excretiones judicatorias e pulsibus praedicere doceat. Crisibus magnos tantum
et acutos morbos, minime vero longos dijudi-
cari scriptor noster declarat. In genere vero
proximum discriminis stadium praegrediuntur, ut
jure contendit, signa vis vitalis seu quae dicitur
facultatis, humorum colluvie oppressae, quamobrem et pulsus fiunt inaequales, et haec in ae-
grotantibus animadvertuntur visa: «Noctes» sunt
verba ejus «fiunt molestae ante judicationes,
deliria, comata, dispnoeae, vertigines, sensuum
perturbatio, capitis, stomachi, colli, aliarumque
partium dolores: aurium sonitus, vanus ante oculos splendor, invitae lachrymae, urinae sup-
pressio, labij tremor, oblivio et ingens quandoque rigor, accesio consuetam horam praeveniens,
aestuatio immodica, sitis inextinguibilis, nausea,
clamores queruli, decubitus varii, prosilitiones
ex lecto.»

Faustamne morbi crisin vel contra, fune-
stam fore, haec indicant signa, scriptore nostro
adfirmante:

«Bonam crisim venturam esse ostendit pulsuum inaequalitas, in qua plures sunt magni, quam parvi, plures moderati quam crebri, plures vehementes quam languidi cum rhythmis paribus, moderatis vel celeribus. Reperiuntur et intercurrentes, caprizantes, impares citati, qui fines motuum vehementiores et celeriores obtinent, myuri reciproci: iis adde signa perfectae coctionis in egestionibus, urinis, sputis cum iis enim et talibus signis, nemo unquam periit.—

Malae vero vel imperfectae crisis indicia sunt, pulsuum inaequalitas et ataxia, in qua plures fiunt parvi, quam magni, plures tardi quam celeres, plures languidi quam vehementes, cum rhythmis imparibus contractio enim longe superat distensionem celeritate. Invenimtur tum et impares citati cum finibus motuum languidioribus, myuri non reciproci, intermittentes, deficientes, non praeeuntibus signis coctionis in urinis, sputis, egestionibus: cum talibus signis nemo foeliciter judicatur. Quod si extreme sit languidus pulsus et extreme parvus, et in urinis ne minima quidem nota coctionis appareat indubitatum est, aegrotum sine crisi moriturum esse, quem tot et tanta symptomata oppugnant. Ac ut rem paucis concludam, in acutis aegritudinibus, si praecedat inaequalitas pulsuum et ataxia, subsequatur magnitudo et vehementia, ac rhytmi paritas, bona crisis expectanda est illico.»

Quanam vero via morbi discrimen sit consecuturum, id horum pulsuum ope, praenuntiari posse autumat:

«Magnus pollicetur sanguinis profluvium per nares, undosus si altus sit, sudorem: quemadmodum et mollis cum altitudine. Durus vomitum, humilis alvi fluorem. Plurimum refert callere signa alia praeter pulsum, quae solent antecedere quemque naturae impetum, quae luculenter conscripsit Galenus et Avicenna, ubi agit de signis crisis futurae per nares, vomitum, alvum, haemorrhoidas, menstrua, urinas.»

Utilissima, saluberrimaque praecepta diligenti et assidua artis medicae exercitatione adquisita, diutinaque experientia confirmata penultimo operis capite comprehenduntur, quod J u dicium de salute et morte aegroti inscribitur. — In eodem improbat inprimis medicos, qui ex unico signo, ut urinis solis vel pulsibus, vel ex vultu aegrotorum judicia de aegrotis ferri posse autumant. De Galeni vero consilio, jubentis facultatem cum morbo conferri et ex vigore et superioritate alterutrius salutem vel mortem futuram praedici ita habet:

«Pulchra haec quidem doctrina est, sed tam obscura, quam brevis et qua nemo hucusque assecutus est, quod optat, ars enim non est, sed principium artis Prognosticae: quale est illud Therapeuticae, Contraria contrariis curantur.»

De modo tandem, a se ipso hac in re usitato, haec leguntur:

«Ego non sum tanti (licet in arte medica et ejus operibus versandis consenuerim) ut audeam aliquid polliceri praestantius, quod a ma-

joribus nostris sit praetermissum. Quia tamen
notum est lippis et tonsoribus, mea Prognostica
vera esse ubique, ita ut abierit in proverbium
apud multos, Quem Struthius morti adjudicat,
moriendum est illi certo: cui salutem promittit,
evadet: dicam libere quae sentio, nec celabo
quicquam, quod aliis possit prodesse.

Quaesierunt a me complures studiosi medici, quo artificio tua colligis de morte vel salute aegroti prognostica, quae admirationi sunt
nobis et in aulis principum passim jactantur?
Quibus ego, ut ad rem respondeam, artem una
cum praeceptis ostendo, insinuatione quadam,
proferens pentastichon hexametron, quo artis capita sum complexus.

Judex sum medicus, reus est aegrotus, amici
Actores, adsunt plures hoc ordine testes,
Morbus, causa, locus, symptoma, innata facultas,
Consimiles aegri, mos, motio, pharmaca, gestus,
Iis cum lege fruor, vera hinc sententia fertur.

Quia vero non omnibus patent haec, quae
iis exprimuntur carminibus, rogarunt quidem et
efflagitarunt etiam cum conviciis, ut haec singillatim explicaremus, dilucidaremusque quod
facturi jam sumus non gravatim. Ac illud inprimis fatemur, nos; quo facilius memoriae mandentur, quae damus praecepta (omnium enim meminisse oportet circa singulos aegros) similitudine uti quadam judiciorum, quae juris periti
exercent, antequam sua pro tribunali proferant
decreta. Nam haec est etiam una, praeter alias,

artificiosae memoriae ratio. Jam sicut ad proferen-
dum justum judicis decretum, opus est actoris
et rei, recto per totam causam processu sic et
ad dicendam veram de morte aut salute aegri
sententiam apud medicos, necassarium est et
aeger, qui est loco rei, et amici ac astantes, qui
sunt veluti actores coram medico, bene per omnem
morbi decursum se gerant. Nam si non obe-
dierit aeger, si quid amici et adstantes, sua
sponte, quia malevolunt aegroto, vel errore, vel
rustica pietate, quia blandiuntur et offerunt, quae
nocent, delinquant, irrita redditur medici sententia, nec debitam consequetur executionem. Et
hoc est illud, quod dicit Hippocrates: Non solum se ipsum praestare opportet opportuna fa-
cientem, sed et aegrum et assidentes et exterio-
ra. Hoc vero primum esto hujus doctrinae praeceptum.

In judice, id est medico, hoc requiritur,
ut bene sit instructus de omnibus, quae ad causam pertinent. Optimus autem instruendi judicis modus est per testes, qui acciendi sunt decem et diligenter examinandi, in tam gravi de
vita et morte negocio.

Primus vero testis esto morbus ipse, seu
morbi substantia et magnitudo, seu vehementia.
Morbi enim alii sunt, qui vel natura vel arte
superantur et salubres appellantur: alii sunt qui
superant artem et naturam, qui lethales vocantur: alii nec superari plane, nec superare possunt, quos indifferentes recte nominaveris. Sa-

lnbrea sunt, febres diariae: lethalis est apople-
xia fortis, quam solvere est impossibile, debi-
lem vero non facile. Cancros etiam occultos
melius est non curare: curati enim cito pere-
unt. Tertii vero ordinis sunt destillationes in
senibus, podagra, calculus, epilepsia: ii nec
occidunt, nec curantur, non tamen deserunt hominem.»

«Secundus testis est causa morbi, quae etiam
diligenter examinanda est,» prouti nempe le-
viores sunt, ait vel magis perniciosae; laetiorem
quoque vel tristiorem admittunt prognosin.

Tertius testis, Struthio est locus affectus seu
sedes morbi; quo major enim est dignitas partis laesae, munerisque cohibiti praestantia, eo
pejus erit praesagium, quo membrum est igno-
bilius; eo melius.

Sic ordine reliqua momenta, quae ad prognosin faciunt et pentasticho supra allato complectuntur, medicus noster indagat, singulum
quodque exemplis illustrat et Hippocratis A-
phorismis confirmat, adeo ut non sit, quod hodie
hac in re addi possit. Recte enim existimat in
judicio de aegroto ferendo symptomatum vehe-
mentiam et multitudinem, virium conditionem,
(utrum vigeant, an sint pessumdatae) proclivita-
tem (haereditariumne sit malum, familiare an
contra), morbi ipsius indolem, seu qui dicitur
medicis characterem benignum vel malignum,
decurrendi rationem, a Struthio Motionis nomine insignitam, longumne scilicet incommodum

adsit, vel acutum, crisine solvendum manifesta
vel lenta, stadium morbi, immo remediorum
adhibendorum efficaciam, nec non habitum vul-
tumque aegroti, quorum adhuc a nemine supe-
ratas Coi medici descriptiones in testimonium
adfert, respici oportere. Commonet denique medicinae studiosos, ut in morbis, praecipue acutis, faciem suam vulgo facillime et inopinato
mutantibus, caute et adjuncta nonnisi conditione
sententias de futuro morbi eventu aperiant. «Prae-
stat autem» ait «proferre sententias salutis vel
mortis: Exempli gratia: Sanabitur hic aeger in-
quies, si haec perseveraverint signa, quae nunc
apparent: ille vero morietur, si non advenerint
alia meliora indicia.»

Postremum totius operis caput, paucis verbis modum perstringit, cujus ope, hominum, ut
ait, arcana detegi possunt. Id vero huic omnino verae innititur observationi, quod animus
culpae sibi conscius, fortuita ejus mentione, ti-
more, terrore vel alio quocunque adfectu per-
turbatus, vasorum sanguiferorum genus concitat
et pulsum hanc ob rem subito ita immutat, ut
eum summopere reddat inaequalem. Hunc itaque si medicus exercitatus tactu suo perceperit,
absconditam hujus causam facile eruet.

Superest nunc, ut paucis nostram de eximio medico sententiam in universum, et de opere ejus praecipue proferamus ex adhuc expositis depromtam et facile colligendam. — Ut vero aequo animo judicium de viro nostro ferre

19

possis, lector benevole, ea quae supra jam de
conditione medicinae ineunte saeculo sedecimo,
dicta sunt, in memoriam revoces, necesse est.
Quibus rite perpensis facile mecum consenties,
Struthium exiguo illi et perillustri virorum numero accensendum esse, qui spissas tenebras,
quibus omnes fere disciplinae et artes obrutae
tum jacebant, ingenii sui lumine dissipare coe-
perunt, quorumque opera et studio indefesso,
nova, laetaque literis artibusque lux affulsit.
Siquidem ille principis medicorum Avicennae, qui sexcentos fere annos, solus medicinae
imperio erat potitus, reliquorumque Arabistarum summam tum auctoritatem oppugnare ausus est, ille in veterum scriptis admodum versatus, corruptam Galeni operum interpretatio-
nem emendavit, plurimumque ad meliorem et
faciliorem ejus cognitionem contulit; ille omnes
literarum studiosos, ad assiduam et diligentem
veterum scriptorum lectionem incitavit, ipse eorum simplicitate et venustate allectus; et medicos iterum, iterumque adhortatus est, ut futiles
et inanes spernerent disputationes, ut medicinam crederent artem esse, quae sola cogitatione
minime ediscatur, sed proba diutinaque egeat
exercitatione et experientia, quam ob rem ipse
conatus est illam artis salutaris partem, quae morborum signa exponit et Semiotices nomine
venit, qua Cous senex immortalem assecutus est
famam, omni cura et diligentia excolere, vel
potius oblivioni qua per mille fere annos pre-

mebatur, eripere. Hine etiam pulsuum perati-
lem doctrinam, quae Semiotices pars est, re-
suscitavit, quum eam discipulis publice professus sit et in descripto jam opere expositam, po-
steritati reliquerit.

Idem opus, ut de hoc praecipue nunc agam,
ex eo etiam commendatur, quod Auctor primus,
pulsus cogitatione effictos, ab illis, quos medici
tactus distinguit, sejunxit; quod hos utiles esse,
illos vero usu carere declaravit; quod similes
sibi pulsuum species, ut e. g. vehementem a
magno, celerem a crebro etc. acute distinxit;
quod causarum externarum in pulsus vim, et illam, quam aetates, temperamenta, aliaque id
genus in eosdem exercent, bene novit et descripsit; quod denique de praesagio ferendo sa-
luberrima praebuit praecepta, quale est e. g. nec
ullum in genere signum unicum, nisi ei reliqua
respondeant visa, alicujus esse momenti.

Quod si in universum pulsuum divisio falsis
adhuc de circulo sanguinis superstructa sit notitiis, ratio tamen laudanda est, qua ingentem
pulsuum multitudinem in ordinem redegit, utque
longe facilius memoria comprehendi ac teneri
possint, effecit. Quid dicam, de illis, a pulsuum
doctrina quidem alienis, perutilibus tamen et medici nostri in arte exercenda dexteritatem sat,
superque probantibus praeceptis, nonnullorum
malorum genuinis imaginibus, quibus opus hoc
redundare lectori e supra allatis luculenter pa-
tuit? e quarum numero irritationis adcura-

tam definitionem, acutum discrimen inter vires
suppressas et pessumdatas, veram alterutrius signorum enarrationem, morbi Gallici seu Venerei
descriptionem, ut taceam de aliis hene multis,
meminisse saltem juvabit.

Hanc nostram de Struthio sententiam com-
probant verba clarissimi Christ. God. Gruneri,
cujus eximia Semiotices praecepta ipso Alberte
teste a nemine adhuc superata sunt, in eodem opere
(pag. 124. 125. §. 167) legenda: »Habet praeterea
Struthius pauca, eaque perapposita de pulsibus organicis, ut recentiores Francogal-
li ista tantum recoxisse, paullulum immutasse,
probabiliusque in ea argumentati fuisse videantur. Sic pulsus aetatum, sexus, temperiei cet. docuit, sed etiam quomodo cum instrumentis
seu visceribus affectis pulsus commutetur, quo
pulsus signo quaevis eorum perturbatio a ceteris internoscatur rel. perdocte magnoque cum
ingenii et dicendi ubertate demonstravit.— Accedit quod multis in locis a Galeni decretis de-
flectit, eumque ubi erravit ad naturam quasi re-
ducit. Quare si qui feliciter in intelligenda pulsuum Galenicorum doctrina versari voluerit, necesse est, semper ad manus habeat Struthium
monitorem, correctorem, ac ducem securiorem
minusque obscurum.»

Nihilo tamen minus Ars Sphygmica vitiis
minime caret. Nam pulsuum tangendorum innumeram fere recenset multitudinem, quorum
plurimi adeo sunt subtiles, ut tactus aciem ef-

fugiant, quod praecipue de iis speciebus intelligitur, quas in una vel pluribus arteriae partibus observari posse, scriptor existimat (13).

Causae, quae dicuntur, synecticae pulsuum libro tertio comprehensae acute quidem excogitatae
sunt, minime tamen experientiae innixae et scholasticas redolent argutias; prolixitatis quoque vitio opus hoc laborare fateri cogimur, si nos veri studiosos probare volumus.

Antequam disputationi nostrae de Struthio
finem imponamus, non possumus, quin severum
et iniquum Curtii Sprengelii de eximio medico
nostro judicium, quo eum jactantiae adcusat et ob-

(13) Non possum reticere, similitudinem, quam inter
hanc Struthii Sphygmicam artem et Auscultatio-
nem pulsationemque in cognoscendis pectoris et
ventris morbis a hodiernis medicis adhibitam,
summisque laudibus elatam animadverto. Quum
ab invicem sensus nonnisi instrumento, quo species percipiuntur, differant, nec sit cur tactui,
auditus anteponatur, sonorum vero vix minor re-
censeatur numerus, quam pulsuum; nec minorem in iisdem ediscendis exhibeant difficultatem:
tum, nisi nobismet ipsis hac in re adversari velimus, vel utrique eandem subtilitatem objicia-
mus, vel utramque ab eodem vitio eximamus,
est necesse.

servationibus, ab eodem relatis fidem denegat (14)
refellamus.

In toto opere unum tantum locum, eumque
in ultimis jam paginis (in L. V. C. 16) legendum
et supra a nobis exscriptum invenimus, qui osten-
tationis speciem exhibet, ubi tonsorum de se usi-
tatum proverbium in medium profert; ob unum
tamen, tam paucis verbis expressum locum, nec
totum opus damnari, nec ejus eximiae virtutes
contemni, nec observationum ejus relatio in dubium vocari possunt. Quin immo in exponendis
suis praeceptis, quae haud raro jucunda narra-
tione casuum sibi in exercenda arte obviorum
comprobantur, nullibi solertiam et dexteritatem
suam, qua per totam fere Europam inclaruit,
commemorat, verbis etiam, quibus Prognostico-
rum suorum certitudinem laudat, (id, quod a se-
vero ejus judice tanto crimini datur) candide haec
praemittit: «Ego non sum tanti (licet in arte medica et ejus operibus versandis consenuerim), ut
audeam aliquid polliceri praestantius, quod a majoribus nostris sit praetermissum.»

Illum vero re vera medicum fuisse sui temporis exercitatissimum, et ab omnibus summo-

(14) Curtius Sprengel in commemorato suo opere T.
II. p. 320. haec habet de Struthio:

«Seine Eintheilungen des Pulses haben wenig
innere Wahrheit, auch darf man nur seine Prah-
lerey lesen (dass alle seine Prognosen eingetrof-
fen) um misstrauisch gegen ihn zu werden.

pere magni aestimatum, de eo omnes ejus aequales, et qui paulo post vixerunt, scriptores,
ut: Albertus Ocellus (Oczko), Felix Sierpius
(Sierpski Lazarzowicz), Sebastianus Sleszkovius,
(Sleszkowski), Gabriel Joannicius, S. Starovolscius consentiunt, id quod et principes plurimi,
qui consilium ejus in adversa valetudine petere
soliti, cum in aulas suas invitabant; et discipulorum erga eundem observantia (quorum duo,
natione Itali, doctrinam ejus de pulsibus amplexi,
qua sectatores ejus inclaruerunt: Rogani nempe et Capivacci), ac tandem duae, quae illo jam
defuncto recusae sunt operis ejus editiones, sat
superque confirmant.

    Majori itaque jure ea Sprengelii verba, qui-
bus Clarissimum Prosperum Alpinum laudat, ad
Struthium nostrum referri posse credimus:

    «Er ein treuer Diener und Beobachter der
Natur, legte alle Vorurtheile des Ansehens und
der hergebrachten Lehrmeinung ab und nahm
blos solche Grundsätze aus den Schriften des
Hippokrates und Galen auf, die durch Vernunft
und Erfahrung bestätigt werden.»

Scriptores, quibus ad conscribendum meum opusculum (praeter Strathii descripta opera) usus sum, sunt hi:

1. STAROVOLSCIUS SIMON: Scriptorum Polonicorum Hecatontas, seu centum illustrium Poloniae scriptorum elogia et vitae. — Venetiis apud Haeredes Damiani Zenari 1627. 4to.

2. —— —— Laudatio almae Academiae Cracoviensis. Cracoviae. In Officina Christophori Schedelij S. R. M. Typogr. — Anno Domini M. DC. XXX. IX fol.

3. —— —— Monumenta Sarmatarum viam universae Carnis , ingressorum. Cracoviae apud Haered. Franc. Caesarii 1655. fol.

4. PAPADOPOLI (NICOLAI COMNENI), Historia Gymnasii Patavini. Venetiis MDCCXXVI. Apud Sebastianum Coleti fol. I. II.

5. JANOCKI (JOANNES DANIEL): Nachricht v. denen in der Hochgräflich - Zaluskischen Bibliothek sich befindenden raren polnischen Buechern.» T. V. in 8vo (primus tomus prodiit Dresdae apud Georgium Conradum Walther, (1747) reliqui quatuor Vratislaviae apud Joannem Jacobum Korn ab anno 1749 — 1753).

6. JANOCIANA sive clarorum et illustrium Poloniae auctorum, Maecenatumque memoriae miscelae Varsaviae et Lipsiae anno 1776. in 8vo. I. II.

7. GAUNER CHRIST. GODOFR. Semiotice Physiolo-

20

gicam et Pathologicam generalem complexa.—
Halae Magdeburgicae MDCCLXXV. 8vo.

8. J. Sołtykowicz. O stanie Akademii Krakowskiéj, od założenia jéj w roku 1347 aż do
teraźniejszego czasu. Krótki wykład historyczny in 8vo w Krakowie 1810.

9. Towarzystwa Warszawskiego Przyjaciół
Nauk Roczniki T. VII. in quo commentatio
reperitur: Georgii Christiani Arnoldi
O chojności Królów i względach Panów polskich dla rzeczy lekarskiéj i lekarzów in 8vo.

10. Bentkovius F. (Bentkowski) Historya Literatury polskiéj w spisie dzieł drukiem ogło-
szonych in 8vo I. II. w Warszawie 1814 r.

11. Bandtkie Georgius Samuel: «Historya drukarń Krakowskich od zaprowadzenia druków
do tego miasta aż do czasów naszych. W Krakowie r. 1818 in 8vo.

12. Fouquet (Henricus Med. Doctor) Essai sur
le Pouls par rapport aux affections des prin-
cipaux organes, avec des Figures, qui re-
présentent les caractères du Pouls dans ces
affections.— Montpellier 1818 in 8vo. Eidem
operi adnexa est dissertatio e latino versa.
Flemingii M: «Dissertation sur les de-
couvertes de François Solano, concernant
les modifications du Pouls, et les prognostics
qu'on peut en tirer.

13. Juszynius (Juszyński) X. M. Hieronym Dykcyonarz Poetów Polskich I. II. w Krakowie
1820. in 8vo.

14. **Hecker Justus Friedrich Karl**, Geschichte der Heilkunde. Nach den Quellen bearbeitet. Berlin 1822 in 8vo.

15. **Sprengel Kurt**. Versuch einer pragmatischen Geschichte der Arzneykunde. Dritte, umgearbeitete Auflage. Halle 1827 in 8vo.

16. **Chodynicius (Chodynicki X.** Ignacy zakonu Karmelitów) Dykcyonarz uczonych Polaków zawierający krótkie rysy ich życia, szczególne wiadomości o pismach i krytyczny rozbiór ważniejszych dzieł niektórych. Porządkiem alfabetycznym ułożony. Tomów 3. we Lwowie 1833 r. in 8vo.

17. **Muczkovius (Muczkowski) Josephus**, De Pauli Paulirini olim Paulus de Praga vocitati viginti artium Libro. Cracoviae MDCCCXXX in 8vo.

18. **Łukaszevius (Łukaszewicz) Josephus:** Obraz Historyczno - Statystyczny miasta Poznania w dawniejszych czasach 1. II. w Poznaniu 1838. in 8vo.

19. **Gąsiorovius (Gąsiorowski) Ludovicus:** Zbiór wiadomości do historyi sztuki Lekarskiéj w Polsce od czasów najdawniejszych, aż do najnowszych. Tom I. w Poznaniu 1839 in 8vo.

20. **Jocherus (Jocher) Adam:** Obraz bibliograficzno - historyczny Literatury i nauk w Polsce, od wprowadzenia do niéj druku po rok 1830 włącznie etc. Wilno 1840. in 4to.

21. Wizerunki i roztrząsania naukowe. Poczet nowy drugi — Tomik dwunasty. Wilno. Józef Zawadzki własnym nakładem 1840, in quo «Dodatek bibliograficzny do dzieła: Zbiór wiadomości do Historyi Sztuki Lekarskiéj w Polsce etc. P. Ludwik Gąsiorowski — (ab anonymo auctore M. P. P. conscriptus).

THESES.

OPPONENTIBUS.

Francisco Benedic Bulikowski Medic. utriusque Doctore Scholae obstetriciae Adjuncto.
Josepho Alexand. Jaszczurowski Med. Dre Scholae Clin. Chirurg. Adjuncto.
Francisco Brodowski Med. utriusque Dre Scholae Clin. Medicae Adjuncto.

1. Tubuli nervorum primitivi, nusquam in corpore intime secum junguntur; sed potius
sibi invicem adponuntur.

2. Arteriae carent conctractilitate, quae dicitur,
musculari, et non nisi mechanica elastici-
tate ad sanguinis circuitum conferunt.

3. Acor carbonicus, quem pulmones respiratio-
nis tempore exhalant, non in pulmonibus,
sed in vasis capillaribus, assimilationi pro-
spicientibus, conficitur.

4. Frigus et calor, easdem in corpore vivo provocant species.

Lightning Source UK Ltd.
Milton Keynes UK
UKHW020704150821
388901UK00002B/23